お客様の心をつかむ

営業鉄板フレーズ88

株式会社アイ・ユニットコーポレーション
代表取締役
石橋直和

大学教育出版

はじめに

「今月も成約できなかった……」
「あの人のようにうまくできたらな……」
「自分は営業に向いていないのかも……」

営業をしていれば、誰もが一度は
そのような壁にぶつかるでしょう。

ひょっとしたら毎日、
あなたの頭を悩ませているかもしれません。

けれど、営業の才能ってなんでしょうか？
才能なんて本当に存在するのでしょうか？

悩んでいる人のなかには
毎日がんばっている人もいるでしょう。
がんばれることも、才能の一つだと思います。
しかし、がんばることだけでは
いつか限界が見えてしまいます。

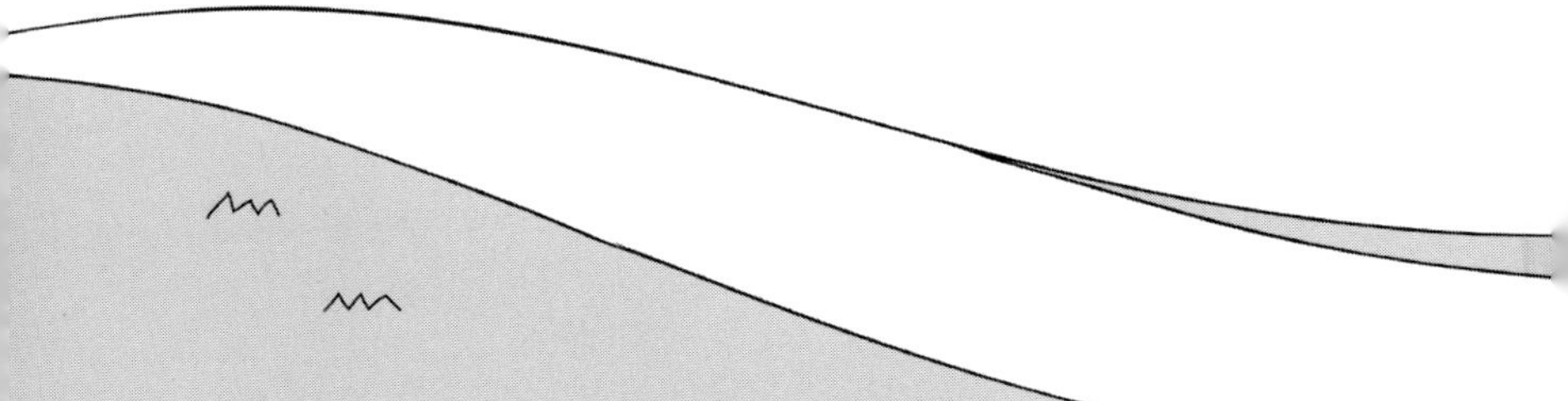

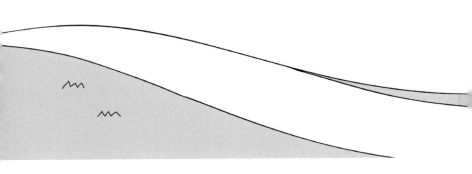

「営業は才能ではなく、やり方次第」
「あなたはまだ営業のやり方を知らないだけ」

つまり、やり方さえわかれば次々と結果を
出せて自信が付いてくるのです。

じつは、営業には「魔法の言葉」があります。
それが「鉄板フレーズ」。
シチュエーションごとに設定された
「鉄板フレーズ」を設計図に沿って使うだけで
お客様の心をつかむことができるのです。

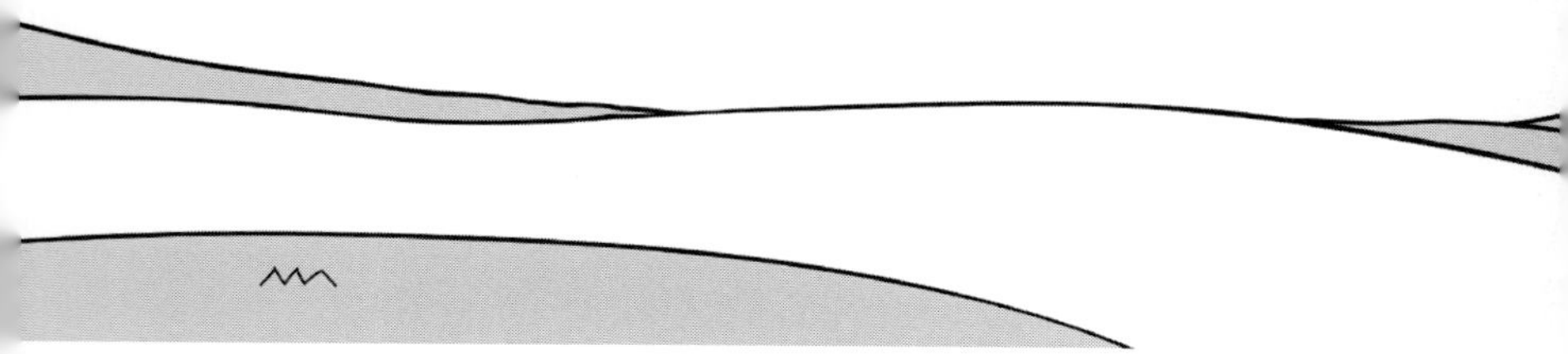

素晴らしい営業パーソンによって
お客様が自分にぴったりの商品と巡り合い、
心地よく商品探しを楽しんでいただけることを
心から願って書き上げました。

この本は、私自身の経験をもとに、
営業魂を余すことなく公開しています。

もし、本書をお読みくださり、
一瞬でも嫌な気持ちになる方がいらっしゃったら
申し訳ございません。
しかし、最後まで読んでいただければ、
私の真意と情熱が伝わるものと信じています。
一人でも多くの素晴らしい営業パーソンを育て、
一人でも多くのお客様に幸せを届けたい――
その一心で綴った一冊です。
どうぞ、その熱量を感じていただくべく
最後の頁までお付き合いいただければうれしいです。

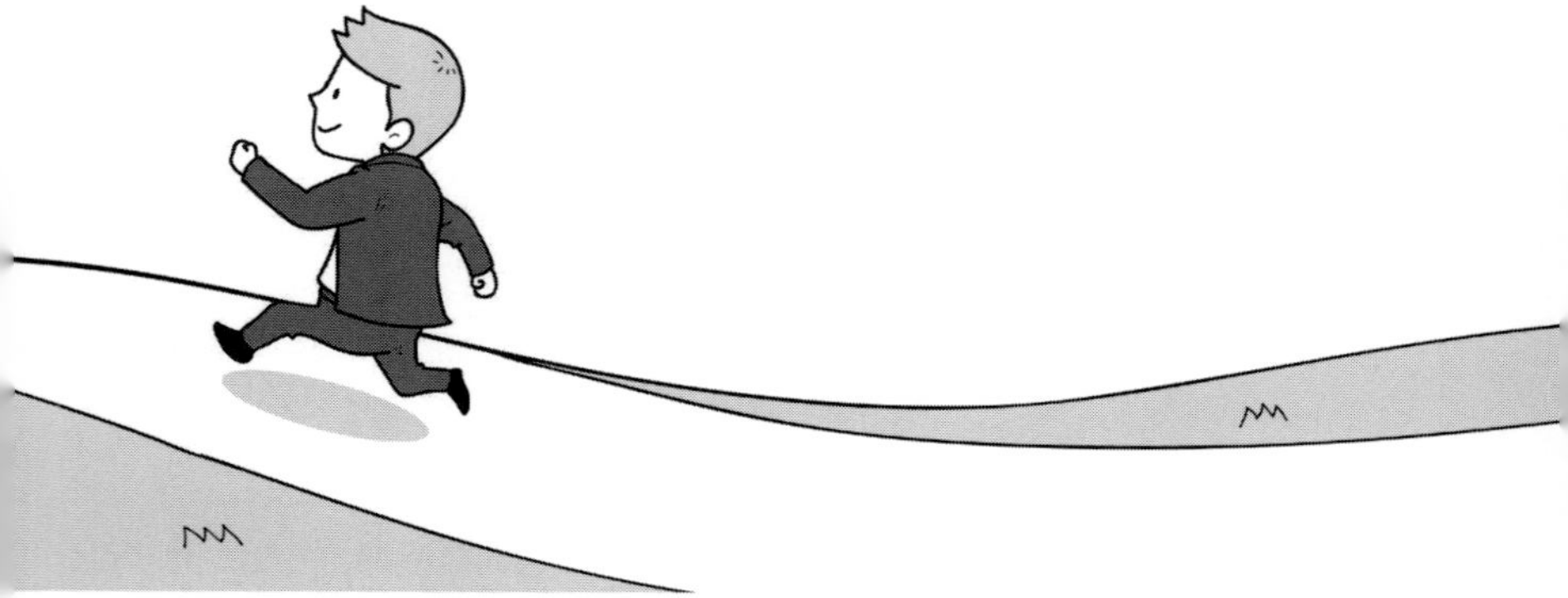

目次

第1章 アイスブレイク
――あいさつから心をつかむ――

基本の営業トーク：対話編

第2章　ヒアリング
――何が希望で何が不満か――

第3章　プレゼンテーション
――相手に寄り添い商品を魅力的に紹介――

逆境を跳ね返すトーク術

第4章　クロージング
――気持ちいい締めで「これから」を創る――

アドバイス

営業パーソンとしての心構えとは

「不快感」を抱かせた営業パーソンからは、
お客様は絶対にモノを買いません！
営業パーソンが意識すべき重要なポイントは3つです。

① 好意
② 好感
③ 好印象

・「清潔な見た目」「ハキハキしたしゃべり方」を意識すること！
必ずや、好感、好意を持ってもらえます。

・「商品を買わせようとしているな」と思われないこと！
「この営業の人は、じっくり商品を検討させてくれる味方かもな」という心理的な安心感を共有できる雰囲気作りと情報提供が、好印象への近道なのです。

序章

営業なんて怖くない。営業の基本のキ

営業が好きな営業パーソンなんていない

誰しも、最初から営業が好きなわけではありません。仕事を通じてその中身を理解し、結果を出していくことによって好きになっていくのだと思います。

私は社会で活躍している営業パーソンを「カッコいい！」と思っていました。しかし、新卒で入社した不動産会社において、「一年間で一軒も売れなかった」経験をしたことがあります。毎月が「ゼロ」からスタートすることにもプレッシャーがありました。とくに私が働いていた不動産仲介業というのは、売る商品を持っているわけではありません。何も持たないところから仲介していくため、まさに営業力が問われます。営業活動全体を一つのサービスと捉え、一から構築していくための設計図があってこそ結果が出せるのです。

そしてもう一つ重要なのが、営業のプロセスで使う「鉄板フレーズ」です。

どのような場面でもお客様の心をつかみ、営業活動をスムーズに進める魔法のようなフレーズが存在します。それを私は「鉄板フレーズ」と呼んでいます。同じ過程で営業を進めているはずなのに、なぜかあの人は営業成績が良い。同じことを言っているのに、なぜかあの人の言葉は伝わりやすいと感じることはありませんか。それは鉄板フレーズのおかげです。

ただ、多くの営業パーソンは、そうしたことを実地で学ぶしかありません。その結果、営業成績が伸び悩み、プレッシャーの中で営業を嫌いになってしまうケースも多いように思います。

営業は、その全体像と正しいやり方を身に付け、改善しながら実践することによって、結果を出しながら自身も成長できる仕事です。そのようにして成長していける人こそ、カッコいい大人と言えるのではないでしょうか。

現時点で営業のことを好きでなくても構いません。大変だと思いながらも挑戦し、お客様のために学んで結果を出すことによって、だんだんと好きになるのです。

なぜ売れる営業と売れない営業がいるのか？

じつは私も、営業が好きかどうかと尋ねられたら、そのすべてが好きというわけではありませんでしたと答えるでしょう。挫折もつらい思いもたくさんしてきました。

一方で、営業のことを好きだと思う瞬間はあります。それは、私を待っているお客様の存在を感じたときです。

お客様のために行動していると、結果も出ますし感謝もされます。すべての仕事に共通することですが、やはり人のために行うことには、やりがいがあります。

どの仕事をするにしても、人と人との出会いは欠かせません。その最前線にいる営業パーソンは、じつは、最もおいしい仕事をしているとも言えるのです。

数字ばかりを追いかけていると、プレッシャーに押しつぶされそうになることもあるでしょう。しかし、お客様のために行動しているときは、頑張ることもまた喜びになります。数字というのは、そのように活動した結果でしかないのです。

営業には「売れる営業」と「売れない営業」がいます。その違いは、営業の設計図を理解しているかどうかにあります。売れている営業パーソンは、設計図に則って行動しているため、同じプレッシャーを抱えていても焦りません。必要な段階を経ていくことに集中し、その都度、鉄板フレーズや所作を冷静に展開しています。

そしてその過程には、信頼関係の構築や必要性の醸成、真のニーズの確認、掘り下げなどが網羅されているのです。

「売れない営業」のもう一つの大きな特徴は「**喋りすぎ**」です。「売らなければならない」というプレッシャーを抱えていて、そこから「もっと商品の説明をしなければ」「相手を説得しなければ」などと考えてしまうためです。そこで本書で紹介する鉄板フレーズの登場です。的確な言葉で内容を伝えたり、お客様の話を聞き出したりするフレーズを88パターン紹介します。

小心者が高価なものを買ってもらうための小さな習慣

どんな商品を販売するときでも、相手の購買意欲をきちんとかき立てなければなりません。お客様の「買いたい」を「買う」という決断にするためです。こう言えば、なるほどその通りだ、と思いますが、なかなかうまくいかないから苦労しているわけですよね。

とくに小心な人は、営業で何をどう話せば良いかわからないかもしれません。かくいう私も自分のことを小心者だと思っています。だから、普段の買い物で先生を見つけて参考にしています。洋服であれ、時計であれ、パソコンであれ、物を売る人たちはどのようなプロセスで商品を紹介し、どんなフレーズを使っているかを観察して自分の営業に取り入れているのです。

契約に至るまでの道のりは、必ずしも複雑というわけではありません。詳しくは後述しますが、営業活動は主に４つの段階を経て購買や契約に至ります。それぞれの段階でやるべきことをきちんと行っていれば、最終的なゴールへと自然に到達できます。この営業活動の全体像が理解できていれば、自分が買い物をするときでも学びを深めることができます。

例えば、大手量販店などではそれぞれの家電コーナーに担当者がいます。そこで話を聞いていると、さまざまな学びがあります。

「商品説明は短いほうが良い」「より最適なオファーをするにはヒアリングでの掘り下げが重

要だ」など、営業の要点を再確認し、自分の仕事に活かすことができます。

それができるのも、営業の全体像、つまり設計図をきちんと理解しているからなのです。

こうした習慣を身に付けている人は、たとえ小心者であっても、家や車をはじめどんな高価なものでも買っていただくことができます。正しい理解が良い習慣を生み、それが営業成績にも反映されていくわけです。

彼らの言葉のなかにある鉄板フレーズを自分の営業に取り入れ、振り返りながら改善することを繰り返していけば、営業成績は必ずあがります。その過程を楽しめる人は、営業としてもどんどん成長することができるでしょう。

チームとしても活躍できる人材になる

自らトライ・アンド・エラーを繰り返し、営業成績を向上させられる人は、個人だけでなくチームとしても活躍できる人材になれます。

営業という職種を選んだからには、少し結果が出ないだけで逃げてしまうのは得策ではありません。それでは、せっかくのチャンスを逃すことになりかねません。

とくに本書を手に取ったあなたには、営業で結果を出すための道のりが用意されています。

そこで学んだことを実践し、トライ・アンド・エラーを繰り返していけば良いのです。その結果、個人としての成績が伸びることはもちろん、チーム全体として成果を生み出していくことの楽しさも知ることができるでしょう。

また、自分が活躍することによって業界全体が元気になり、ひいては日本経済や社会に貢献することができれば、より大きなやりがいを感じられると思います。

営業は、そのような可能性を秘めた仕事なのです。

私自身、これまでの営業活動を振り返ると、その過程で多くの人に出会い、たくさんのことを学ばせていただきました。その経験や成長に、感謝の念を抱かずにはおれません。

私が本書を執筆しようと考えた動機もそこにあります。自分が経験を通じて学んできたことを、若い世代の人に伝授していくことが、ある意味では恩返しになるのではないかと考えています。

もちろんそのためには、本書を読んでくれた皆さんが、きちんと結果を出せるようにならなければなりません。その点、私は自信を持って本書をオススメします。きちんと実践すれば結果が必ず出ます。何より、私自身、そして入社一年目の新人でも５０００万円の家を買っていただいている社員たちがその証明です。

商談を進める4つのフェーズ

ここであらためて、本書で解説する「営業における4つのフェーズ」について紹介しておきましょう。営業活動は、主に「アイスブレイク」「ヒアリング」「プレゼンテーション」「クロージング」の4段階で構成されています。

1番目の「アイスブレイク」とは、営業のスタート段階でお客様との関係構築を行うステップです。あいさつをはじめ、必要なトークや所作を行うことによって、営業活動を行っていくための下地をつくるのが主な目的です。

2番目の「ヒアリング」とは、お客様の真のニーズを探るべく、適切な質問をしてさまざまな情報を聞き出すことです。表面的な情報のみを収集するのではなく、潜在的にお客様が抱えている悩みや願望まで収集することが大切です。

3番目の「プレゼンテーション」とは、お客様にとって最適な商品やサービスを提案するフェーズです。アイスブレイクとヒアリングがきちんとできていれば、この段階でお客様の購買意欲を確認する「テストクロージング」にも進むことができます。

4番目の「クロージング」とは、契約や購買など、お客様が最終的に意思決定を行うステップです。

これらの４つのフェーズにおいて、お客様の購買心理は次ページに示すように、会話了解から決断まで８つの段階で動いていきます。それぞれのフェーズで、どの段階までの購買心理に動かしていくかを確認してください。そして鉄板フレーズを使い、全体を通じてお客様に満足していただけるような決断へと導くことが営業の基本となります。

もちろん、こうした全体像は営業活動を行う営業パーソンのストレス緩和のためにあるのですが、設計図を理解しておくことはお客様のためにもなります。なぜなら、適切な営業活動を実施することによって、お客様のストレスも緩和することができるからです。

現場の営業がお客様と人間関係を構築し、真のニーズや悩みを踏まえ、最適な商品へと導いてあげることができれば、お客様はスムーズに意思決定を行うことができます。そのためのサポートをするのが、営業における本来の仕事なのです。

それでは次章から、それぞれのフェーズにおける具体的な中身について見ていきましょう。

アドバイス

「購買意識の高まり」に沿ったセールスステップ

各フレーズで高めるべき購買心理は、下記4つです。

●アイスブレイク　　→会話了解、相談了解
●ヒアリング　　　　→不満認識、フレーミング※
●プレゼンテーション　→差別化、問題点解決
●クロージング　　　→心理的問題点解決、決断

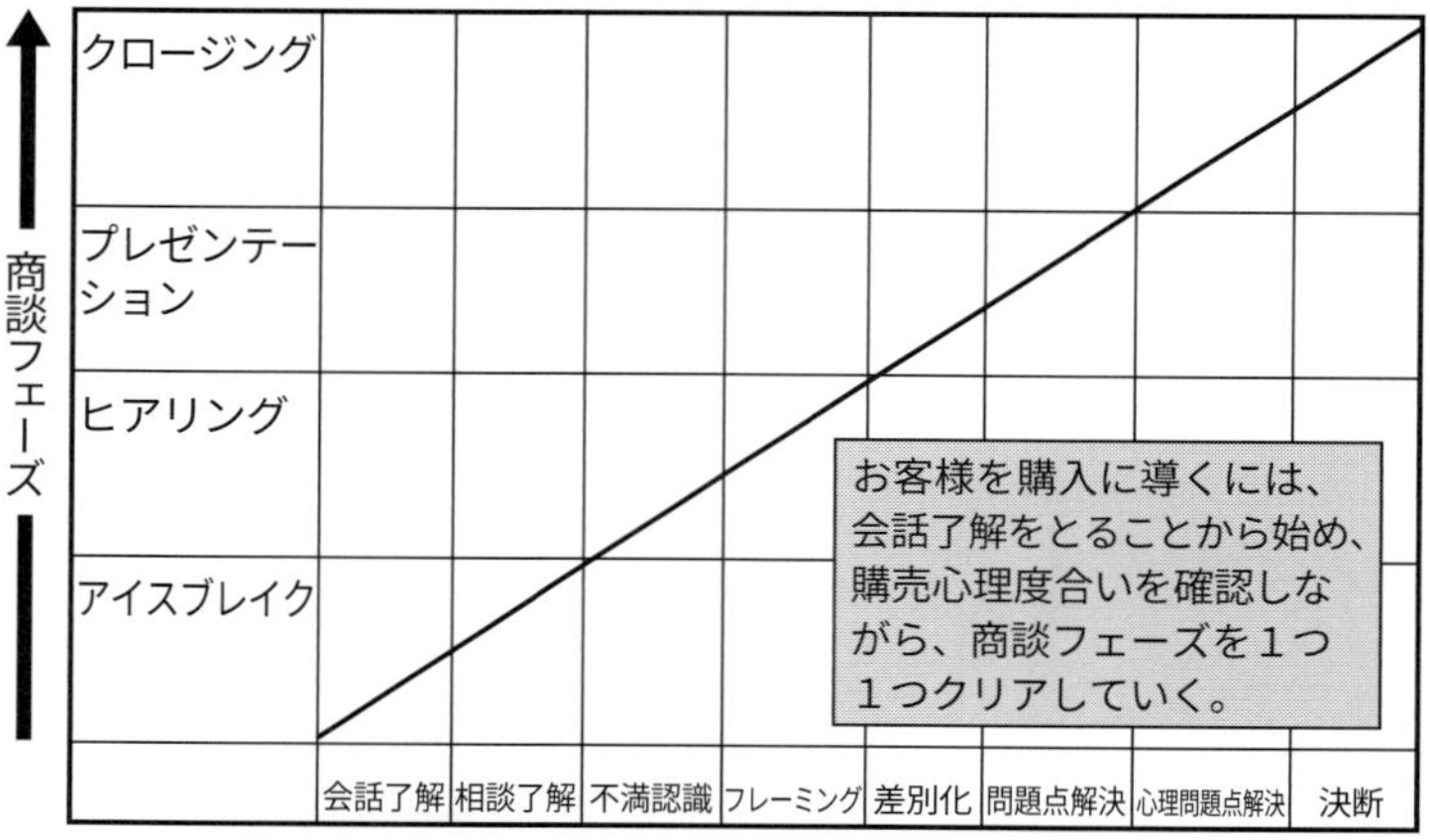

購買心理ステップに合わせた商談フェーズをさらに詳しく知りたい方は、こちらで無料ダウンロードできます。

アドバイス

8つの購買心理ステップ

商談の4つのフェーズにおいて、お客様の購買心理は揺れ動きます。
その購買心理は8つのステップで理解できます。

❶ 会話了解	会話をしてもらうべく、営業パーソンへの警戒心を取り除く
❷ 相談了解	単なる会話相手でなくプロとして認識させる
❸ 不満認識	今後問題となる点を共有する
❹ フレーミング	商品選びの判断基準やポイントを伝え、価値観を理解してもらう
❺ 差別化	自社、もしくは商品の差別化ポイントをアピールする
❻ 問題点解決	商品を使い、問題点を解決できる営業をイメージさせる
❼ 心理問題点解決	契約に至る前に、真の問題点を聞き出し解決する
❽ 決　断	購入、契約時に背中を押してあげる

※フレーミングとは
「お客様の価値観を、自社の価値観にかけかえる」ことです。お客様は100点満点のお家を何年かかってでも探し続けることが正解だと考えているかたが多いと思いますが、じつは、第一印象でご決断いただくことが、一番素敵な物件に巡り合え、お住まいになった後も後悔しないお買い物をされているかたのほうが多いのです。我が社では、過去の経験も踏まえて、お客様の価値観を【第一印象でご決断していただく】ようにアドバイスしています。

アドバイス

商品の価値は、お客様によって変わる

営業パーソンの仕事は、商品の魅力を説明することではありません。

同じ商品であっても、お客様Aさんには最適の商品となり、お客様Bさんにとってはそうではないということが起こります。

商品そのものに価値があるわけではなく、お客様が商品を使うことによって悩みごとを解決し、ワクワクする未来を手にすることが価値なのです。

お客様が困っていること、望んでいることはそれぞれ違います。

ニーズを見極めて、それにふさわしい商品、サービスを提案する。

そうして、お客様の新しい生活にワクワクをもたらすことが営業パーソンとしてやるべきことなのです。

第1章

アイスブレイク

――あいさつから心をつかむ――

TEPPAN 1

こんなときには

商談相手に初めて会うとき

こう言おう

「お時間をいただきましてありがとうございます。本日はいい天気で暑いぐらいですね」

格言

ファーストコンタクトは、天気や相手をねぎらう
「万人受けする言葉」の一言からかけるべし。

初めて会う商談相手にかける最初の一言としては、「万人受けする言葉」がベストです。具体的には、天候の話を交えつつ、**相手の人をねぎらう言葉**が良いでしょう。

例文のほか、雨の日であれば「お足元が悪い中、ご来店ありがとうございます」、遠方から来ていただいた場合は「遠くからお越しいただきありがとうございます」などの言葉をかけましょう。

言葉をかけると同時に、相手の様子をうかがって傘をあずかったり、「お荷物よろしければこちらに入れてください」と伝えると印象がより良くなります。

ここで重要なのは、相手に嫌われないことです。営業は減点方式です。そのため何かを考えて話すというよりは、万人受けする基礎的なねぎらいの言葉をかけるようにしましょう。

天候の話は、その日の天候や天気予報に気を付けておけばいつでも活用できます。何でもないようなことにも思えますが、一日のスタートには必ず注意を向けるようにしましょう。

また、荷物などの対応については、お客様をよく観察していれば無理なく対応できるでしょう。基本的な準備と、注意力つまり気遣いがあれば誰にでもできるのです。お客様の様子をよく見て、適切なクッション言葉を用いるようにしてください。

TEPPAN 2

こんなときには

あいさつで相手との心の距離を縮めたいとき

こう言おう

「こんにちは！」
（と言ってから、お辞儀をする）

格言

「言葉」と「動作」をきちんと分けるだけで
印象は大きく変わる。

言葉と動作をきちんと分けると、礼儀正しく見えます。あいさつをするときも、「こんにちは」という声かけと、「お辞儀」という動作をしっかり分けるようにしてください。

これを「**語先後礼**（ごせんごれい）」と言います。

語先後礼はあいさつの基本です。しかし実際は、「こんにちは」という声かけとほとんど同時にお辞儀をしているケースがよく見られます。それではせっかくの丁寧なあいさつも軽く見られて、今風の言葉でいえば、チャラく見えてしまいかねません。

「きちんとあいさつをしているのになかなか好印象を与えられない」と悩んでいる人ほど、ぜひ自分のあいさつを見直してみましょう。とくに、言葉とお辞儀をきちんと分けているかどうかチェックしてみてください。

語先後礼は、練習すれば無理なく習得できます。「こんにちは」という言葉を発し、それからお辞儀をする。二つの動作を分けた上でキビキビ行うと、礼儀正しさがきちんと伝わるでしょう。

極端な話、言葉を発して一時停止し、それから礼でも構いません。最初はそのぐらいのイメージで練習してみてください。仕事ができる人は基本のあいさつもできます。きっと、相手との心の距離が縮まりやすくなるはずです。

TEPPAN
3

こんなときには

お客様がお子様連れだったとき

こう言おう

「かわいいお子さんですね。お二人の良い所どりですね」

格言

お子様連れのお客様に対しては、「お子さんの話題」が心を開く。

お子様連れのお客様に心を開いてもらえるのが**お子さんの話題**です。ここで言うお子さんの話題とは、「お子さんを褒める」「お子さんに関心を持つ」ことを指します。

具体的には「かわいいお子さんですね」「(目や鼻など) お二人の良い所どりですね」などを基本として、「目に入れても痛くないですね」なども挙げられます。お子さんが男の子か女の子どちらかわからない場合は「女の子ですか?」と聞くのも良いでしょう。なぜなら、万が一男の子だった場合「女の子のようにかわいかったから間違えてしまいました」と言えるからです。また、10歳ぐらいのお子さんであれば、「習い事(部活)してるの?」などと聞いてみるのも良いでしょう。お子さん自身が話をしてくれると場はさらに盛り上がります。笑顔も増え、話がスムーズになること間違いありません。

こうした子どもの話題は、お客様のほとんどが嫌がりません。それどころか、相手が心を開いてくれる言葉になります。

お子さんの話題をトークの中で活用すれば、話にクッションをはさむことになり、お客様との距離が近づきます。そして、心を開いていただいた上で、こちらのペースで話を進めていくことができます。ですので、こうしたクッション言葉は積極的に活用すると良いでしょう。

TEPPAN
4

こんなときには

お客様に会社に対しての安心感を持ってもらいたい

こう言おう

「本日ご来店いただいたきっかけは、どなたかからのご紹介でしょうか?」

格言

お客様に対し、口コミや紹介によって来ていただいたのかという質問を通じて安心感を与えること。

冒頭のあいさつなどで自社の印象をアップさせるには、まず、「当社にご来店いただいたきっかけ」について、例えば、「今回はどなたかからのご紹介ですか？」「口コミなどを見てご来店されたのですか？」などと質問するのが良いでしょう。

なぜなら**「この会社は紹介が多い会社なのかな？」「ひょっとして口コミが良い会社なのだろう」**と印象付けることができるからです。

もちろん、効果はそれだけではありません。会話の中での質問によって自然な会話につなげつつ、「いえ、インターネットの検索で見つけて来ました」など、お客様も話をしやすい雰囲気が作れます。

とくに近年では、インターネット上の口コミが非常に重要視されています。事実、多くの人が、Ｇｏｏｇｌｅなどの口コミをチェックしてから商品を購入したり、お店を訪問したりしていますよね。一方で、自動車や住宅などの高価なものに関しては、人から人に直接伝達される口コミや紹介が重要な判断材料になるケースも少なくありません。

そうした実情を踏まえた上で、「今回はどなたかからのご紹介ですか？」「口コミなどを見てご来店されたのですか？」などと質問し、会社に対しての印象をアップさせましょう。

大切なのは、来ていただいたお客様に対し、冒頭から安心感を抱いてもらうことです。

TEPPAN
5

こんなときには

せっかくの会社説明を事務的なもので
終わらせたくない

こう言おう

「数ある会社の中から当社を選んで
いただき、誠にありがとうございます」

格言

営業のスタートはお客様に「選んでもらう」こと。
スタート地点に立たせてもらったことに素直に感謝すべし。

初期のあいさつや会話において、自社の説明をすることは多いでしょう。ただ、それを事務的に終わらせてしまうのはもったいないです。なぜなら、その段階から、お客様とのコミュニケーションはスタートしているからです。

できるだけ良い印象を持っていただけるよう、かける言葉にも注意してください。

具体的な技術としては、「○○は初めてですか?」などと質問するのが効果的です。例えばあなたが不動産業に従事している方であれば、「不動産探しは初めてですか?」などと声をかけます。営業はお客様に会社を選んでもらわないと始まりません。だから「数ある不動産屋の中から当社を選んでいただき、誠にありがとうございます」と感謝の言葉を伝えましょう。

このときに大事なのは、感謝の気持ちを伝えつつ、「不動産屋はたくさんある」という前提を理解していただけるように話を進めることです。

事実、大きな街であれば、駅前などにたくさんの不動産屋がありますよね。その中から、自分たちの会社を選んでくれたという点に感謝していることを伝えておく必要があるのです。

その結果、お客様の中で「物件を探す」だけでなく、数ある不動産屋の中から「不動産会社を選ぶ」「良い担当者と出会う」という意識が生まれていきます。そこから自社の特徴や強み、他社との違いを丁寧に説明していくと、より良い印象を与えられるようになります。

TEPPAN
6

こんなときには

どんな声で電話をすべきか迷ったら

こう言おう

「もしもし、お世話になっております」
（笑顔で話す「笑声（えごえ）」で、トーンはドレミファのファの高さ）

格言

「笑声」と「ファ音」を意識すれば、
自分の想いが相手に届く。

電話のときに使う声は、笑顔で発するのが基本です。これを私は「**笑声**（えごえ）」と呼んでいます。

実際に会ってお話をする場合は、笑顔などで柔らかい印象は伝わりますが、相手の顔が見えない電話の場合は、そうはいきません。

笑声は、たとえ相手にこちらの顔が見えていなくても伝わるものです。声のトーンやハリ、感じ方が大きく変わるためです。なかなか笑声を出せないという人は、デスクに鏡を置き、顔を見ながら電話営業をすると良いでしょう。慣れてくれば自然にできるようになります。

また、笑声以外の技術としては、「ファの音」を意識することも大事です。いわゆる「ドレミファ」の「ファ」の音ですが、それを意識しつつ普段より1トーンから2トーン高くして電話営業すると、親しみやすい印象になります。

声を出す姿勢としての笑顔、そしてファの音を意識していつもより高い声を出すようにすれば、結果も変わってくるでしょう。合言葉は「笑声でファ音」です。

相手に安心感を与えるために効果的なのは、できるだけゆっくり話すことです。急かされている感じが出てしまうと、どうしても不快な気分になりやすいので、ぜひチェックしてみましょう。

TEPPAN
7

こんなときには

以前会社にお問い合わせがあったお客様へ再度電話するとき

こう言おう

「山田様お世話になります、石橋です、こんにちは（こんばんは）。先日はお問い合わせありがとうございました」

格言

勢いと元気があればよし！　その上で、何度も連絡しているかのような親しみを持ってアプローチしていく。

以前お問い合わせいただき、担当は自分ではなかったお客様への電話営業においては、まず、勢いと元気があることが大事です。一回一回の電話で、それを心がけるようにしてください。勢いと元気がないと、それだけで相手にマイナスの印象を与えてしまうためです。

できるだけフレンドリーに入っていくのがポイントとなります。具体的には、「石橋です、こんにちは（こんばんは）」「先日はお問い合わせありがとうございました」というように、何度も話しているかのように入っていきます。

相手としては「ああ、知り合いの人かな」「いつもの人かな」などと、警戒を解いてくれやすくなります。その状態で「今回、ご要望にピッタリの新しい物件が出まして……」などと切り出していくと、そのまま話を聞いてもらいやすいのです。

コツは、「昨日電話したかのように切り出していく自然さ」にあります。余計な緊張感を与えないようにし、伝えたいことをしっかり伝えるようにしましょう。

新人の営業パーソンほど、どうしてもかしこまってしまい、声にまで緊張感が出ます。それでは、聞いている相手が距離を感じ、断りたくなってしまう可能性もあります。かしこまらないフレンドリーなスタイルでアプローチしていきましょう。

TEPPAN
8

こんなときには

電話で商談や見学会などのアポイントメントを取るとき

こう言おう

「じつはご要望に合う商品がございますので、ぜひ、本日ご見学いかがでしょうか?」

格言

「本日」「このあと」と勧めることにより、
鮮度の高い魅力ある商品（物件）があると知ってもらう。

初期の営業活動としては、まずお客様と話す機会を得つつ、そこから先へとつなげていくことが求められます。ここで言う「先」というのは、営業活動の段階のことです。最初の段階から「ヒアリング」「プレゼンテーション」「クロージング」と、一歩一歩進んでいくイメージを持つようにしてください。じっくりヒアリングするべく、きちんと話せる時間を確保することが最初のステップとなります。そのためにアポイントを取っていくわけですね。

その際、**「ぜひ、本日」「このあとお時間ありますか」**と切り出してみてください。「本日」というと、焦っているようにも思えるかもしれません。または、お客様が「買わせようとしているな」と思ってしまうと感じるかもしれません。しかし、「すぐにでも」という情熱が「もしかしたら、魅力的な商品が出てきたのかもしれない」と思ってもらうことにつながるのです。この効果は絶大ですので、思い切って口に出してください。

ただし、「今日」「このあと」と提案しても断られることがほとんどです。したがって、もし断られたとしても、落ち込む必要はありません。その次に使うべきフレーズは、次項目で紹介します。それよりもまず、「良い商品、素敵なサービスがあるかも」と思ってもらうことのほうが優先されます。情報は魚屋さんと一緒。鮮度のいいものをいちはやく届ける思いで、今日、本日とうながしてください。

TEPPAN
9

こんなときには

「本日このあと、ご見学はいかがですか？」を断られた

こう言おう

「急なご提案失礼しました。では、平日と土日どちらかといえばどちらがよろしいでしょうか？」

格言

日時指定が難しそうな場合は二者択一、曜日で絞り込んでいく。

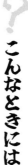

本日の提案を断られたときに、次の候補を探すとき、日時の指定がなかなかうまくいかない場合もあるでしょう。

とくに、相手が忙しい人であったり、決定権者がなかなか家や会社にいないケースだったりすると、次のアポイントがすぐに取れないことがあります。

無理に日にちを指定する必要はありません。成果を焦る営業パーソンほど「明日はどうですか?」「明後日はいかがでしょうか?」などと、つい近い日にちを指定してしまいがちです。そこで断られた結果、次につながらないこともあるのではないでしょうか。

そこは、いったん落ち着いて、「急なご提案失礼しました。では、平日と土日どちらかといえばどちらがよろしいでしょうか?」などと二者択一で切り返すようにしてください。すぐにアポイントが取れない場合は、曜日を絞り込んでいくやり方に切り替えてみましょう。

どれほど忙しいお客様でも、ピンポイントのアポイントを断ってしまった以上、「どちらかといえば……」などと答えてくれるものです。**こちらが譲歩した結果、相手も譲歩しやすくなる**わけです。少なくとも、「いつなら大丈夫なんですか?」などと、強く迫りすぎないように注意してください。

TEPPAN
10

こんなときには

「資料だけもらえますか」と言われた

こう言おう

「ぜひ一緒に見てみませんか?」

格言

資料を渡すだけでなく、その場で
次の提案につなげていくべし。

営業の電話を受けたお客様としては、「このまま勢いで売り込まれるのは嫌だ」「いったん、考える時間がほしい」「相手のペースに巻き込まれたくない」といった心理になりがちです。

よほどすぐにほしいと考えているお客様でない限り、一度冷静になるために、「とりあえず資料だけもらえますか」などと言うわけです。

そのとき、電話をかけている営業側としては、「わかりました！」と言って資料を渡したり、送付したりするだけではもったいないです。

なぜなら、せっかくお客様とつながったのなら次の提案もするべきだからです。

例えば、次のアポをとるトークとしては、「資料だけではなかなかイメージがわかないと思うので、近くにモデルハウスがありイメージがわきやすいので、ぜひ一緒にご覧ください！」「ご要望に近い資料もご用意いたしますので、もし良かったら、お店でより詳しいご説明をさせていただけませんか？」などが挙げられます。

このような言葉をかけることによって、電話営業を次のステップにつなげることができます。

大切なのは、お客様の言葉をそのまま受け取るのではなく、**相手の心理を理解し、次につなげる提案をきちんと行う**ことです。

TEPPAN
11

こんなときには

「いまは必要ないです」と言われた

こう言おう

「必要になる時に備えて、事前準備として
ご提案させてください」

格言

よくある断り文句を、自然にかつ笑顔で
受けとめる余裕を持つことが大事。

電話営業だけではありませんが、お客様の断り文句としてよくあるのが、「いまは必要ない」です。「だからまたの機会に」といって話を終わりにしたいような雰囲気を出したりします。もしかしたら、自分も客側としてそんなふうにしたことがあるかも、と心当たりのある人もいるかもしれません。

そのようなとき、「わかりました」と引き下がるのは得策ではありません。適切なアプローチをすることで、お客様の必要性（ニーズ）を高める努力をしましょう。

使える技術としては、「いまは必要ないです」と言われたらまずは飲み込み、「いざ必要になってからではみなさん焦って後悔する物件を選んでしまいがちです。ぜひ事後ではなく事前に対応できるようにご提案させてください」などと切り返すことです。そのとき、焦った様子を見せるのではなく、笑顔で明るく言うとさらに効果的です。

続けて「いざ必要となったときに、良いものが見つからないということが実際多いものですから、ぜひいまお時間いただけないでしょうか？」と話してみてください。

そこで相手との距離を縮められれば、「ちなみに、今回は何をお探しですか？」「ちなみに、どんなご要望がありますか？」などのように、「ちなみに」を活用したヒアリングにつなげられます。その結果、自然なかたちで話を展開することができるでしょう。

TEPPAN
12

こんなときには

「A社さんのところにお願いしている」と言われてしまった

こう言おう

「当社ならば他のオススメも紹介できますので、ぜひ当社も仲間に入れてください！」

格言

競合他社がいても、お客様にとってプラスになる提案をして次につなげていく。

お客様の中には、すでに他社（競合他社）に依頼している場合もあります。そのようなときには、ニーズはあるものの、競合他社が先行しているために断られていると考えるようにしてください。

例えば不動産の場合であれば、「すでに別の不動産屋さんに頼んでるんだよね」などと言われることがあるでしょう。

そこでさらに食い下がるには、「ちなみに、どれぐらいの期間お探しですか？」などと、**時期について**聞いてみることです。

お客様から「そうだなあ。もう3か月ぐらい前になるかな」などと聞くことができれば、こちらからも提案する余地が生まれてきます。具体的には、「私たちならば、最新の物件情報をお伝えできます」「入ってきたばかりの新鮮な物件もご紹介できますよ」などと返すのです。

とくに不動産の売却など、決まるまでにそれなりの期間がかかる商材の場合、たとえ競合他社がいても営業をかける余地はあると考えられます。その場合、「条件を見直した上で再検討してみませんか？」などの提案ができます。

また、売却の場合、少し譲歩して、「いついつまでに売れなければぜひご連絡ください」などと伝えるのも効果的でしょう。

TEPPAN
13

こんなときには

「まずは自分で見て確かめます」
と言われた

こう言おう

「トラブルを避けるためにも、
ぜひご一緒させてください」

格言

お客様だけで行動した場合のデメリットをさりげなく
伝え、一緒に行くメリットをしっかり理解してもらう。

電話営業をしていると、お客様のほうから「自分で見るから住所だけ教えて」「自分で連絡するから連絡先だけ教えて」などと言われることがあります。

そのような場合、素直に住所や連絡先を教えてしまうと、競合他社に顧客をとられてしまうというのもありますが、一番はお客様が自分の真のニーズに気づかず自分の要望だけで良い悪いを判断してしまうのです。お客様を真のニーズに導くのが営業パーソンの使命です。

とくに不動産などの高額な商材は、その場ですぐに売れるものではありません。ですので、長期的にお付き合いすることも視野に入れて、つながりを保つ工夫をしましょう。

例えば「住所だけ教えて」と言われた場合には、「じつは、まだ近隣の挨拶ができておらず、以前ほかの現場で近隣の方とトラブルになってしまったケースがあったものですから、会社から営業同行でと言われておりまして……」などと伝えると良いでしょう。

このときに重要なのは、お客様だけで行動した場合のデメリットをさりげなく伝えることです。そうすることで、こちらの都合ではなく、あくまでも「お客様のことを考えて」というニュアンスが自然と含まれます。そうした配慮が、相手の心象に影響するわけです。

そして、「近くにモデルハウスもありますので、ぜひご一緒に見学しましょう」とメリットを伝えるようにつなげていくと、お客様も行動に移っていただけることが多いでしょう。

TEPPAN
14

こんなときには

電話が留守番電話になってしまった

こう言おう

・「A社の石橋です。折り返しのお電話をいただけると幸いです」（音声メッセージ）
・「新商品Bのご案内を差し上げたく、18時頃にまたお電話します」（SMSなどの文字メッセージ）

格言

留守番電話になっても可能性の追求のために、音声メッセージを必ず入れる。さらにＳＭＳ（文字メッセージ）を使用することで電話に出てもらえる確率を上げる。

相手が電話に出ないときは、必ず留守番電話にメッセージを残しましょう。そうすることで、会話ができなくてもチャンスをつなげられます。

とくに新人の営業パーソンの場合、留守番電話で何を話せば良いのかわからない人も多いと思います。だからと言って、「先日の件でお電話しました。またご連絡します」だけでは、お客様に興味を持ってもらうのは難しいでしょう。

そこで、留守番電話に残すメッセージには、「物件のメリットをちょっとだけ伝える（チラリズム）」「最後に連絡先を2回言う」を心がけてみてください。

具体的には、「C社の石橋と申します。今回は、オススメの未公開物件のご案内でご連絡いたしました。ぜひご紹介させていただきたく思います。（自分の電話番号）（自分の電話番号）にて、私石橋がお待ちしています」などのトークが良いでしょう。

そのあとにSMSなどの文字メッセージを入れるのがベストです。音声よりも文字で先に「どんな内容か」を読みたいというお客様も多いのが現状です。スマホで留守番電話を聞くことは少なくなり、代わりにメッセージを読むことが多くなっているのです。

そのため、留守番電話を活用するだけでなく、文字メッセージを併用すると折り返しの電話が来る率がアップします。いずれの場合も、相手に行動を促す工夫が大事です。

TEPPAN 15

こんなときには

偶発的なお客様を逃さないために

こう言おう

「暑い（寒い）ので、ぜひ店内にどうぞ
（おいしい飲み物もありますので）」

格言

その場で話をするのではなく、店内など、
話しやすいところへお客様を招き入れるべし。

アポイントがあるお客様ではなく、ふらっと来られたお客様に対しては、より慎重に対応する必要があります。

例えば、不動産屋の店先で、店頭のチラシを見ているお客様がいるとします。

そのようなお客様に話しかけるときには、その場で話をするのではなく、店内などに促すということが大事です。

新人の営業パーソンなどは、焦ってその場で営業トークを始めたり、無造作に話しかけたりしてしまうこともあると思います。しかし、不安定な状況で営業トークを展開してもお客様に伝わらない可能性が高いです。

ここは、落ち着いて対応するようにしましょう。

具体的には、「こんにちは。今日は暑い（寒い）ですね」「よかったら未公開物件が店内にあるのでいかがですか？」などと、店内に促した上でじっくり話を進めるようにしてください。

このときに意識したいのは、あくまでもお客様が見ているのを邪魔しないこと。窓を拭いたり、看板の位置を調整したりなど、さりげなく近づいていって声をかけるのがベストです。

あからさまな声かけは嫌われてしまい、話をする機会すら失いかねません。焦ることなく、お客様の様子を観察しながら、無理のない声かけを心がけましょう。

TEPPAN 16

こんなときには

会社ではなく「自分」を印象付けたい

こう言おう

「はじめまして石橋と申します！」

（笑顔で明るく、清潔感のある格好で）

格言

好印象を与えられるように、元気よく、
笑顔を常に絶やさないこと。

どの業種の営業にも言えることですが、最初に売り込むべきなのは会社や商品ではなく、あくまでも「自分」です。なぜなら、自分こそがその会社や商品の最初の窓口になるからです。あなた自身の印象を相手に植え付けられなかったとしたら、次はないと思ったがほうがいいでしょう。事実、競合他社がひしめいている業界では、チャンスはそう巡ってきません。

ですので、少ないチャンスを確実にものにするべく、ぜひ**積極的に自分を印象付ける**ようにしてください。

やり方は難しくありません。笑顔で、明るく、清潔感のある格好で「はじめまして。石橋と申します！」や、電話で話をしたことのある相手なら「あらためまして、本日はありがとうございます！」などと元気よく伝えれば良いのです。それが営業の基本となります。

そのときに与えたあなた自身の印象が、後の営業活動につながります。最初の悪い印象を挽回するのは難しいため、最初の段階で好印象を与えるように全力を尽くしてください。

とくに重要なのは、笑顔です。笑顔ほど好印象につながりやすいものは他にありません。

そして多くの営業パーソンが、「自分は笑顔ができている」と思っているだけで、本当に気持ちの良い笑顔を作れていません。口角をあげるとよく言われますが、口だけではなく、顔全体で笑顔を作りましょう。きちんと伝わる笑顔ができているか、鏡でチェックしてください。

TEPPAN
17

こんなときには

お客様がすでに他社と商談をしたことがあるとき

こう言おう

「いままでご覧になった中で、気に入った物件はありましたか？」

格言

簡単な質問を通じて、お客様の好みを確認し真のニーズを引き出す。その上で、お客様にとってネックとなっていることを把握する機会にするべし。

どの業界にも、自社以外の競合他社がひしめいています。

競争の激しさは業界によって異なるかもしれませんが、競合他社を無視して営業活動ができないのはどこも同じでしょう。

そしてそれは、お客様にとっても言えることです。

お客様は、より良い商品やサービスを求めて、各社を比較検討しています。もちろん、比較する時間やかける労力は人それぞれですが、営業活動をする際には、「お客様はどんな競合他社と当社を比較しているのだろう」という視点を持つようにしてください。自社の商品・サービスをただ説明する営業ではなく、お客様の好みやなぜ買わなかったのかなどを理解した上で、営業ができるようになります。

例えば不動産の場合、「物件は何件ぐらいご覧になったのですか？」「これまでに気に入った物件はありましたか？」「**なぜご購入に至らなかったのでしょうか**」などの質問が効果的です。お客様の真意（ニーズ）を引き出し、そこに刺さる提案をするのです。

すでに当社に来ているということは、何らかの不満や不安があるはずです。他社が埋められていないところをカバーするようなトークを展開するようにしましょう。

他社で決めきれていない理由をつかんだ上で、未来志向の提案をするのがポイントです。

TEPPAN 18

こんなときには

「第〇印象」を良くするには？

こう言おう

ホームページ等に掲載する写真は、口角を上げて歯を見せ、良い印象を残せる写真にする。

格言

インターネットで検索するお客様が見ることを想定して、
最初の入口で印象を良くしておく。

かつての対人関係は、最初に出会ったときの「第一印象」が勝負所でした。だからこそ、いかに第一印象を良くするかが問われてきたのです。

今でもその大枠は同じなのですが、インターネットが一般に普及したことによって、事情が少し変化しています。つまり、実際に会う前の「第0印象」がその後の営業活動に影響を及ぼすようになっているのです。

「第0印象」とは、会社のホームページやSNSなどでお客様に見ていただいたときに与える印象のことです。とくに写真の場合は、インスタグラムなどがよく見られていますよね。

実際にはまだ会う前に、掲載されている写真や文章を見て、「この人は感じが良さそうだな」「なんだか冷たそうな人だな」などと先入観を無意識に持ってしまうのです。

そこで、現場の営業パーソンとしては、そのときから勝負が始まっていると考えるべきです。お客様に見られる可能性がある写真には気を遣うようにしてください。

具体的には、素敵な笑顔を見せている写真、それこそ「奇跡の一枚」と言えるようなものを、よく見られているページに掲載すると良いでしょう。

自分で撮るのが難しい場合は、プロのカメラマンにお願いするのがベストです。

こんなときには

資料などを郵送ではなく、直接訪問して渡したい

こう言おう

「ちょうど近くに立ち寄りましたので、物件資料をお持ちしました」

格言

初めから売ろうと思わないこと。お客様の状況を聞き出すヒアリングからスタートすべし。

営業は断わられることの連続です。**「千三つ**（せんみつ）」という言葉もあるように、千に三つ契約につながれば御の字、という商材もあるほどです。ですので、焦って売り込もうとしたり、アポイントにつなげたりする必要はありません。

断られるのが当然なのですから、最初は気持ちの良いあいさつとちょっとした質問でお客様のことを知るように心がけましょう。

とくに、前にお会いしたことがある相手の場合は、「こんにちは！ちょうど近くに立ち寄りましたので、資料をお持ちしました」など突撃面談がオススメです。

なぜならば、お客様に対して「また来たから今度は買ってくれ」という印象を持たれることはないので、警戒心を解くことができるからなのです。さらに言うとお客様の心には「熱心にわざわざ寄ってくれたんだ」という気持ちに、お客様になっていただけるのです。

そしてせっかく立ち寄ったのですから、お客様の住む地域の環境や家の特徴、休日の過ごし方など、**お客様の背景をリサーチする**ことも最重要ポイントです。

チェックできるところはきちんと見ておきましょう。それによって次にお会いしたときの提案内容に役立てることができます。

TEPPAN 20

こんなときには

さりげなく相手を褒めるには？

こう言おう

「何か本格的にトレーニングされているのですか？」

格言

お客様の外見や身に付けているものを褒める。
また共通点を見つけて、話を広げる。

褒められて悪い気がする人はいません。それはお客様でも同じです。とくに初対面のときは、できるだけ**さりげなく相手を褒める**ようにしましょう。そうすることで、無理なくいい印象を与えられます。

具体的な褒め方については、相手をよく観察すると見えてきます。例えば筋肉が盛り上がっている人には、「何かスポーツとかされているんですか?」「トレーニングしているんですか?」などと聞いてみるといいでしょう。

身体的な特徴や、お客様が身に付けているものを褒めるのもオススメです。「ツメがとってもお綺麗ですね」「素敵な靴を履いていますね」など、ちょっとしたことで構いません。自然な会話の中で褒めるのがコツです。

また、お子さんを連れているお客様の場合は、子どもを褒めるのがベストです。「可愛いお子さんですね」「目がぱっちりでかわいいですね」「聡明そうなお顔だちで将来が楽しみですね」などと話題にすれば、それだけで喜ばれます。

お客様と対面しているときには、相手のことをきちんと観察するようにしてください。お客様を褒めるヒントがたくさん見つかるはずです。

TEPPAN
21

こんなときには

お客様に持ち物を褒められたとき

こう言おう

「お客様も時計はお好きなのですか?」

格言

お客様が質問してきたことは、
お客様自身が聞いてほしいこと。

お客様の緊張感をほぐしてスムーズな商談をするために、序盤で会話を盛り上げることは重要です。

とくに出身地・地元の話は、広がりやすいのでオススメです。普段から情報収集をしておき、さまざまな地域の特徴について褒められるようにしておくと万全です。話が盛り上がり、お客様との距離がぐっと近くなるはずです。

さらには、お互いの共通点を見つける方法もあります。

例えば、利き手、持っている物のブランドなど、お客様を観察したり話をきちんと聞いたりしていると、意外なところに共通点が見つかるものです。

お客様から例えば「その時計、気になっていたんですよね。どこで買ったんですか?」などと質問があったら、「お客様もオメガがお好きなんですか?」などと返してください。

お客様が質問してきたことは、お客様自身が聞いてほしいことであることがほとんどだからです。お客様との会話からトークを盛り上げたり、相手の本音を引き出したりすることも可能となります。楽しい会話ができれば、あなた自身を信頼してもらいやすくもなるでしょう。

TEPPAN 22

こんなときには

相手の会社をさりげなく褒める方法

こう言おう

「食品部門が前年比150％も伸びているなんて驚異的ですね」

格言

あらかじめ情報を収集しておけば、
持ち上げるポイントは必ず見つかる。

法人の方を相手に営業活動を行う場合は、本人だけでなく、その人が所属している会社を持ち上げるようにすると良いでしょう。

相手の人は、あくまでも会社を代表して来てくれています。そのため、自社のことを褒められると、悪い気はしないはずです。

しかも、それとなく相手の会社を話題にすることで、商談の内容を前に進めやすくなるという効果も期待できます。

ただし、褒めるためにはあらかじめ相手の会社について知っておかなければなりません。ですので、面談の前に、ホームページ等の基本的な情報を必ずチェックしておきましょう。

検索などで情報を収集していると、「その会社がどこに力を入れているのか」「どこに強みを持っているのか」などがわかるかと思います。

事前に情報を頭に入れておき、「新卒採用に力を入れているのですね」「食品部門が前年比で150％は驚異的ですね！」などと褒めれば話も広がりやすくなります。

一方で、何も情報武装せず適当なことばかり言っていると、逆に信用を落としてしまいかねません。「さては調べていないな」と思われないよう、情報収集も営業活動の一環だと認識しましょう。

TEPPAN
23

こんなときには

初訪問のときに自分を印象付けたい

こう言おう

東京都出身で、千葉で仕事をしている、神奈川と申します。一都三県で活動しております！」

格言

自分の名前や特徴などを活用し、
あらかじめキャッチフレーズを用意しておこう。

初訪問のときは、誰しも緊張すると思います。とくに新人の営業パーソンほど、緊張してガチガチになり、なかなかスムーズに言葉が出ないこともあるでしょう。

しかも、そのような緊張は相手にも伝わるものです。その結果、場の空気が重くなってしまうと、話が前に進まなくなってしまいます。

そこで、あらかじめ明るいあいさつのフレーズを用意しておきましょう。

とくにオススメなのは、「自分なりのキャッチフレーズを用意しておくこと」です。つまり、自己紹介で場を盛り上げられるような言葉を準備しておくのですね。

一例を挙げます。「神奈川」という名字の彼、キャッチコピーは、「東京都出身で、千葉で仕事をしている、神奈川と申します。一都三県で活動しております！」です。

このような自己紹介をすると、インパクトがありますし、何より場が和みます。若い人ほど、元気に明るく、笑顔で自己紹介をすると効果的です。

もちろん、初対面でも緊張せずに話ができる人は良いのですが、最初のうちはやはり難しいものです。まずは差しさわりのない、「名前」「出身」「趣味」などから、一言で自己紹介ができるキャッチコピーを考えてみるといいでしょう。

初対面で名前と顔を覚えてもらえば、その後の営業活動もスムーズに行えます。

TEPPAN
24

こんなときには

自社のことを知らないと言われた

こう言えばいい

「これを機に知っていただけると嬉しいです！」

格言

トーク内容や自社グッズなどを活用して、
会社や自分を印象付けるべし。

初めて会う人の中には、自社のことを知らない場合もあります。その状態で営業トークを展開しても、話を進められないこともあるでしょう。

営業活動において、知ってもらうことは重要です。会社のことはもちろん、その担当者のことを知っているからこそ、話の内容も好意的に捉えてもらいやすくなり、それが結果的に営業活動を成功に導くケースも多いです。

その際に活用したいのが、**ストーリー**です。

例えば、昔話にある「桃太郎」のお話のように、ストーリーに沿って会社の社史を物語として語れるように訓練するのです。創業時の仲間を集めていく過程を部門の長となる社員との出会いに例えます。そして、不動産業界には鬼のような、巨大な競争相手がゴロゴロいます。仲間と鬼に立ち向かっていく話をトラブルや失敗も盛り込み、笑いを交えつつ聞いていただくのです。興味を持ってもらうことができ、自社を知らない人へのアプローチにつなげられます。

また、会社のロゴグッズを配るなど、自社を「記憶してもらう」工夫も大事です（なお、グッズは長く使えるものにすべし）。個人の場合も同じで、できるだけ自分のことを覚えておいてもらえる自己紹介ネタを用意しておき、より印象付ける工夫もしなければなりません。

アドバイス

お客様との関係別アプローチ法

初めて会うお客様。

自社のことを知らないお客様。

自社は知っていても自分のことは知らないお客様。

お客様との関係性はさまざまです。その関係性によって、何を一番に知ってもらうべきかが変わります。

ここではそれらを3つに大別しました。

お客様との距離を縮めるため、把握しておきましょう。

	自　社	自　分	ポイント
関係性 ❶	知っている	知らない	自分を売り込む
関係性 ❷	知っている	知っている	さらに自分を売り込む
関係性 ❸	知らない	知らない	会社を認識してもらう

関係性❶の場合

自分を売り込むチャンス。

初めて会ったお客様が自社のことを知っている場合、会社紹介よりも自己紹介を優先し、お客様との関係性を築く準備をする。

関係性❷の場合

「さらに」自分を売り込む。

何度か話をしたことがあるお客様の場合、ヒアリングを通して真のニーズを引き出したうえで解決に導くことによって、信頼関係を築く。

関係性❸の場合

自社を認識してもらう。

自社のことを知らないお客様に対しては、まず会社のことを知ってもらうことが先と考え、特徴・メリット・強みなどを伝える。

TEPPAN
25

こんなときには

センシティブな個人情報を聞きたいとき

こう言おう

「審査に必要ですので、借入金についてお聞きしてもよろしいでしょうか？」

格言

「理由付け（〇〇なので）」をすることで、
質問がしやすくなり、より説得力のある会話に。

営業活動におけるセンシティブな質問には「理由付け（○○なので）」が必要です。的確な理由付けができていれば、質問しやすくなり、より説得力のある会話にすることができます。

営業パーソンには、お客様に対してその理由をきちんと説明できていない人もいます。そうなると、お客様には不満が溜まってしまい「聞かれたくない」と思われてしまいかねません。

例えば不動産営業の場合、「現在はお借り入れなどございますでしょうか？」とヒアリングすることがあります。理由は、住宅ローンを組む際に、金融機関に借り入れの情報を提供しなければならないためです。正しい情報を事前に伝えないと、ローンが通らないこともあります。

営業パーソンは正確な情報を聞き出そうとしているだけなのですが、お客様は「なんでそんなことを話さなければならないんだ！」と不審がる方もいるでしょう。そんなときに、きちんと理由付けができていないと、話が進まなくなってしまいます。

大切なのは、聞く理由、聞いた情報を何に使うかをきちんと説明することです。個人情報をはじめ、センシティブな情報をいただくときほど、説明に力を入れることが求められます。

ベテランの営業パーソンであっても、「聞くのが当然だろう」と考え、的確な理由付けができていないことがあります。たしかに、こちらとしては当たり前なのですが、お客様にとってはそうでないことも多いのです。ぜひ、注意したいところです。

アドバイス

営業パーソン『身だしなみチェックリスト』

営業はまずは好感を持たれてこそ！
左ページのリストを活用し、まずは身だしなみをチェックしておきたい。

No.	項目	内容	チェック
1	髪型	髪の毛は自然な色で清潔ですか。	
		髪の長さは伸びすぎていませんか。	
2	顔	鼻毛などのムダ毛処理は徹底していますか。	
		歯磨き（フロスも）しましたか。口臭はしませんか。	
3	服装	肩にフケなど落ちていませんか。	
		生地にシミや、汚れが目立ちませんか。	
4	上着	よれよれになっていたり、シワになっていませんか。	
		サイズは合っていますか。	
5	シャツ	アイロンはきちんとかけていますか。	
6	ボタン	ボタン糸がほつれていませんか。	
7	におい	タバコ臭、体臭は消臭していますか。香水は原則つけない。	
8	ベルト	ベルトが傷んでいませんか。	
9	パンツ	折り目が取れていませんか。	
10	靴下	スーツに合った色調のものを着用していますか。	
11	ポケット	ハンカチ、ティッシュは持っていますか。	
12	手	爪は適度な長さにケアできていますか。	
13	靴	皮の手入れはできていますか。型崩れしていませんか。	
14	腕時計	ビジネスにふさわしいものですか。	
15	鞄	カジュアルすぎませんか。中身の整理整頓はできていますか。	

※嫌われない努力をしよう

お客様の中にはパーマやひげを伸ばしている営業マンが嫌いな人もいます。100 人いたら全員に嫌われない努力をする事が大事。わざわざ 100 人のうち 1 人に嫌われる事をすることはありません。

コラム

社内コミュニケーションにも使える営業術①
部下に報告を促すときの話し方

社内で「上司が部下に報告を促すときの話し方」や「部下が上司に相談するとき」について考えてみます。

例えば報告が遅れている部下に対して「報告しろ！」などと頭ごなしに言うと、お互いの関係性が悪化してしまう恐れがあります。

そこで、「何か止まっている商談とかある？」などと聞いてみるとよいでしょう。そうすることで、相手の心象を悪くすることなく、報告を受けられるような土壌を作ることができます。

これは「部下が上司に相談するとき」も同じです。いきなり「相談に乗ってください！」と言うのは、相手の状況を考えておらず、忙しい相手ほどそのまま断られてしまうだけでしょう。

そこで「じつは、山田さんにしかできない相談があるんですが……」などと切り出します。

その上で「よかったら、時間のあるときにお話させてください」などとつなげるようにしたいですね。

第2章

ヒアリング
――何が希望で何が不満か――

TEPPAN
26

こんなときには

相手の好みを知りたい

こう言おう

「今、どんなお車に乗られているんですか？」

格言

お客様の性格は、乗っている愛車や時計など所持品の傾向から判断できる。

ヒアリングを行う上で重要なのは、まず、お客様の性格・好みをイメージすることです。もちろん、初対面のお客様の性格・好みを完璧に見抜くことはできません。そこで、大体のイメージを固めることから始めてみましょう。

具体的な方法として私がよく使うのは、「今、乗っている車について聞いてみる」ことです。じつは愛車には、その人の購買特性を知るヒントがたくさん隠されています。

例えば、トヨタやホンダなどのメジャーな自動車メーカーを選ぶ方は、品質にこだわる方が多い傾向にあります。人とはまったく違った奇抜なものを選択するのではなく、見た目だけでなく品質にこだわって商品を購入したいと考える特徴があると想像できます。

また、普段、街で見かけないような特別な車を愛車としている人は、デザイン重視の傾向があるとわかります。

車の他にも、時計や洋服などでもその人の特性はわかります。ファストファッションでシンプルなデザインの洋服を着ている人、高価な装飾ではなく機能性重視のスマートウォッチをしている人など、デザイン、性能、あるいは最先端の技術を搭載しているなどの傾向からお客様の購買特性をイメージすることは可能です。身に付けているものや所有物を注意深く観察し、**相手について考えるためのヒント**を収集することが、ヒアリングの第一歩となります。

TEPPAN
27

こんなときには

相手の要望ではなく真のニーズを聞き出したいとき

こう言おう

「いまの○○に何かご不満な点などおありだったのでしょうか？」

格言

お客様が抱える不満の中にこそ、真のニーズがある。

お客様が話される言葉のすべてに、相手の「真意」が含まれているとは限りません。むしろ、表面的なことを述べつつ、こちらの反応をうかがいながら、**真のニーズ**を隠しているケースも多いといえます。

お客様がご自身のニーズに気付いていない場合もあります。とくに住宅の場合は、初めての購入がほとんどなので、自分がどんなことを望んでいるのかを具体的にイメージできていないことも多いのです。

そこで、営業パーソンによるヒアリングが重要となります。

とくに、お客様の真のニーズを引き出す問いかけとしては、「いまの○○に何かご不満な点などありますか？」というストレートな質問がベストです。

例えば、「いまのお住まいに何かご不満な点などおありだったのでしょうか？」と聞きます。「ちょっと狭いかな」「音がうるさくて」「家賃が高いんです」など、いろいろな不満について教えてくれるはずです。

お客様としては、口に出すことで今の不満を言語化できて、何を求めているのかあらためて思考の整理ができます。ご自身が抱えている不満から、理想の住宅が見えてくるわけです。

その結果、お客様が住宅を買うべき理由（動機）についても深掘りできます。

TEPPAN 28

こんなときには

お客様の気分を盛り上げたい

こう言おう

「鋭いご質問ですね。最近多いですよ、そういったお問い合わせ」

格言

最近の傾向に合っていて、他のお客様も同じことを
気にしていると伝えることで安心してもらい
気分を上げよう。

現代のお客様は、どんな商品を購入する場合でも、まずインターネットで調べているものです。その上で、店舗やショールームなどに足を運んでいます。

そう考えると、お客様はその対象について、一定の知識を持っていることがわかります。

例えば不動産を購入する場合であれば、「今、金利が上がっていますよね」「物価が上がって、不動産の価格も上がっていますよね」などと、調べた上で気になることを営業パーソンに確認しようとする人もたくさんいます。

では、そのような質問を通じて、お客様は何を求めているのでしょうか。

それは、**自分が得た情報の正しさを確認**することです。そうすることによって自らの購買決定の意思を後押ししながら納得したいと思うわけですね。

営業パーソンとしては、お客様のそうした気持ちを阻害することなく、むしろ安心してもらい気分を盛り上げてあげることが求められます。

具体的なトークとしては、「鋭いご質問ですね。最近そういったお問い合わせが多いんです」「他のお客様も同じことを気にしているんですよね」などが挙げられます。

このように、お客様の質問を反復するようなトークを展開することで、相手は「やっぱりそうなんだ！」と確認できます。その気持ちが、後のスムーズな商談につながってくるのです。

TEPPAN
29

こんなときには

お客様に「今日は買うつもりはない」と言われたとき

こう言おう

「『今日買うぞ！』と思ってくる方はほとんどいませんので、ご安心ください」

格言

無理に買わされるのでは？　という不安をとりのぞき、
まずは安心させてあげること。

「今日は買うつもりはない」というお客様がいます。とくに住宅や車など高額な商品の場合は、「まずは見に来た」という人が大半です。しかし、そういったお客様は**「買わされる」という不安な気持ち**も抱えている人がほとんどです。

その場合、「『今日買うぞ！』と思ってくる方はほとんどいませんので、ご安心ください」などと伝えてみるとよいでしょう。このような言葉を用いて、いつもと変わらずに進めていくことをアピールできれば、お客様としても安心できるはずです。

また逆に、「今すぐに買いたい！」というお客様もいます。住宅や自動車など、高価なものであっても、そういった方は一定数存在しています。新人であれば、「そういう気持ちがあるのであれば、すぐに売ってしまおう」と考えがちです。しかし、「なぜ今買いたいのか？　買いたい理由は何か？」といったん立ち止まって考えることが重要です。お客様に対しての提案がブレないですし、ご購入後も満足していただけます。

とくに不動産をはじめとする高額のものは、「買いたい」という気持ちだけで話が進むとは限りません。お金のことはもちろん、後のトラブルを避けるべく、確認しなければならない事柄がたくさんあります。階段を登るように必要事項を一つずつチェックしていき、問題なければ購入に至っても問題ありません。しかし大切なのは、お客様に安心していただくことです。

TEPPAN
30

こんなときには

相手の要望を明確にし、それに合った商品を探したいとき

こう言おう

「今までにご覧いただいた中で使用するイメージができたものはありましたでしょうか?」

格言

ヒアリングを通して、お客様の要望を
具体化、言語化してお客様と共有する。

ちょっと話をするだけでは、お客様が商品・サービスに対して持っている要望は見えてきません。要望とは、「どこに価値を置いているか」です。

その点を明らかにしないと、お客様に刺さる提案はなかなかできません。ヒアリングを通して、**相手の要望を明確にする**ようにしましょう。

ポイントとしては、商品やサービスを実際に見ていただいた後などに、「今までにご覧いただいた中で使用するイメージができたものはありましたでしょうか？」と聞くのがオススメです。

お客様の表情やリアクションからイメージすることもできますが、それだけでは不十分です。質問を通して、お客様自身にもその要望を意識してもらうことが大切です。言語化することでお客様の中にその要望が定着しやすくなるのです。

とくに住宅の場合であれば、生活をするイメージをしてもらい、気に入った物件のうち、「駅からの距離」「近隣の施設」「３階建て」などのどこが評価につながったのかをさらにヒアリングすると、要望はより具体化されていきます。

もし、気に入った物件がなかった場合でも、「どのような点が足りなかったでしょうか？」「どこが改善されると良さそうですか？」などと聞けば、次の提案につながります。

相手の要望を明確に共有することで、営業活動が次のステップへ進みやすくなります。

TEPPAN
31

こんなときには

相手との信頼関係を深めるには

こう言おう

「じつはその商品Aには、保証期間が短いというデメリットもあるんですよ」

格言

あえてデメリットも伝えることで、
お客様の信頼を勝ち取るべし。

営業パーソンの中には、商品やサービスの「デメリット」を隠そうとする人がいます。

たしかに、そのような情報をお客様が得てしまうと、購買意欲が減退してしまうのではないか、と心配になるのも無理はないでしょう。

ただ、どんな商品やサービスにも、何らかのメリット・デメリットがあることを忘れてはなりません。そのため、無理にデメリットを隠そうとすると、それがお客様の中で違和感となり、信頼してもらえなくなる可能性もあります。

ですので、むしろデメリットは、適切な場面できちんとお伝えすることが大事です。

伝えるタイミングとしては、最初に伝えることが大事です。「その商品Aには、保証期間が短いというデメリットもあるんですよ」などと、正直かつ明確に伝えるようにすると良いでしょう。

それによってお客様は、「この人はデメリットもきちんと伝えてくれるので、信頼できる」と考えてくれるようになるのです。

大切なのは、自分の利益だけを考えて情報を隠すのではなく、お客様のことを考えてデメリットを伝えてあげること。そして、デメリットの回避方法やデメリットを上回るメリットがあると伝えたりすることが、**お客様との信頼関係を構築する**カギとなるのです。

TEPPAN
32

こんなときには

誰が主導権を持っているかを見極める

こう言おう

「おうちに長く居るのは、奥様、ご主人様どちらですか?」

格言

会話を通じて、誰が購入の決定権を持っているかを探り、
営業の道のりを考える。

どんな商品を売る場合でも、「誰が主導権を持っているのか」の見極めは欠かせません。

ここで言う「主導権」とは、**その商品を購買する際の決定権を誰が持っているのか**です。とくに一般家庭であれば「誰が財布を握っているのか」ということです。

それを見極めてこそ、購買に至るまでのトークや流れをデザインすることができます。最終的に納得を引き出すべき相手が明確になるためです。

ただし「どなたに決定権がありますか？」とストレートに聞くのは得策ではありません。それでは表現として直接的すぎるので、相手は「売り込もうとしているな」「自分に決定権がないとしたら相手にしないつもりだな」などと考えてしまうでしょう。

私が不動産を販売するときに使うのは、女性も社会に出る方が増えていますが、「おうちに長く居るのは、奥様、ご主人様どちらですか？」などのトークです。

この言い回しで生活の実情を探ることもできます。そこで「うちは妻も仕事で外にいる時間が長くて」などの返答が聞ければ、そこからさらに主導権を確認するためのトークを展開できます。

そうしたワンクッションがあることで、よりヒアリングを深めやすくなるのです。

TEPPAN
33

こんなときには

お客様にとっての本命となる商品を見極めたい

こう言おう

「妥協できる点、妥協できない点は、どのあたりになりますか?」

格言

どうしても外せない条件を聞き出すことで、
お客様の本命がわかる。

何度もお会いしているお客様であっても、なかなか本音を探れないことがあります。慎重なお客様ほど、そうした傾向があります。

そのままの状態で営業活動を続けていても、お客様が心から「買いたい！」とは思ってくれない可能性が高いです。場合によっては、商機を逃すことにもなりかねません。

そこで現場の営業パーソンとしては、ヒアリングを通じてお客様の本音、とくに本命となりうる商品やサービスを見極めるようにする必要があります。

例えば不動産の場合であれば、現場、建物をご案内する前に、広さや高さ（階数）、デザイン、立地などについての率直な意見をお話しいただくようにします。要望を知るためだけでなく、何が嫌で、どこなら妥協できるのかもそこで確認できます。

そこからさらに掘り下げて、「妥協できる点、妥協できない点は、どのあたりになりますか？」**許容ラインを探る質問**ができれば、お客様の本音が見えてくるでしょう。

そのうち、妥協できない点をすべてクリアした物件が、お客様の本命となります。本命が想定できれば、その物件を勧めていくかたちで営業活動を設計できます。

営業とは、お客様にとってのゴールを見極めながら、**逆算する**かたちで行動やトーク内容を組み立てていくのが鉄則となります。

TEPPAN
34

こんなときには

お客様に反対意見を展開したい場面 ❶

こう言おう

「そうですよね。ただ……」

格言

「イエスバット話法」を使って、きちんと共感してから反対意見を伝えるべし。

「イエスバット話法」という言葉を聞いたことがあるでしょうか？

よく使われる営業トークの基本なのですが、要は**「相手の言うことをまず肯定し（イエス）、その上で反対意見を展開していく（バット）」**話し方です。

例えば、「日当たりが悪いように感じる」と言われたとします。そのとき「そうですよね」と一度肯定します。「道路が北側にあるとどうしても日当たりが悪く感じてしまうことがあります。ただ、表の道路からは見えない南側にバルコニーが設置されているので、洗濯物などのプライバシーが守られるというメリットもあるんです」と返す話し方です。

また「線路から近いからうるさいのでは」と言われたとしましょう。それに対して「いや、線路は近いですが、目の前に家が建っていないので日当たりは良いですよ」とすぐに反論するのではなく、「そうですよね、他の現場でも線路が近い物件があったのですが、やはりお客様は気になると仰っていました」などと、まず肯定（イエス）をします。

その上で、ようやく反対意見を述べるようにします。「ただ、今回の現場は○○線で走る本数も少ないので、それほど音も気にならないですし、夜は止まっていますからご安心いただけるかと思います」。

このように、お客様の言葉をまず肯定する「イエス」の習慣を身に付けることが大切です。

TEPPAN
35

こんなときには

お客様に反対意見を展開したい場面 ❷

こう言おう

「そうですね。たしかに仰る通りですね。
○○ですよね（オウム返し）。
ただし……」

格言

相手の言葉を三回飲み込んだ上で、切り返すべし。

何も考えることなく、ただお客様の言葉を否定してしまうと、相手は当然不快な気持ちになります。それでは信頼してもらうことはできません。大切なのは、心の距離を近づけることです。心の距離を近づけるには、まず、相手の言うことを肯定することが求められます。

ヒアリングをしているときでも、お客様の言うことに「いえ、それは違いますよ」「それは間違っています」などと頭ごなしに反論するのは絶対にNGです。

ここでは「そうですね。たしかに仰る通りですね。○○ですよね（オウム返し）。ただし……」などと、**三回以上肯定した上で反対意見を展開する**ようにしましょう。

具体例をあげると、「この物件は線路が近いからうるさいでしょうね」とお客様が言ったときであれば、「そうですよね。たしかに○○様の仰る通り、線路が近いのでうるさいと感じられますよね」などと、まず肯定します。

その上で、「ここではなく他にも、線路が近い物件があったのですが、たしかにうるさく感じられました。ただ今回のこの場所は防音対策もしっかりしていますし、家具を置くことで家具が音を吸収しますしそこまで気にならなくなりますよ。24時間車の走る高速道路と違って、電車は終電後には走らないですからね」などと丁寧に伝えるようにするのです。

このように「**三回飲み込んだ上で切り返す**」のが、反対意見を出すときのポイントなのです。

TEPPAN
36

こんなときには

相手のあいまいな言葉を具体的なものに変えたい

こう言おう

「4000万円の物件ですと、月々11万円の支払いになりますが、ちなみにどのぐらいのお支払額をお考えでしたか？」

格言

お客様のなかにある「何となく」の部分を、
具体的な言葉で言語化する。

抽象的な言葉で要望を伝えてくるお客様に対しては、具体的な提案内容をイメージしにくいはずです。

そこで、抽象的な事柄を具体的なものに切り替えるヒアリングを行いましょう。

一例をあげると、家の購入額の話の際に、お客様が「4000万円ぐらいで考えてるんだけど」と仰ったとします。それを具体的にしていくためには「それですと、例えば、35年ローンでは月々11万円ぐらいになります」とお伝えします。続けて「ちなみに、月々おいくらぐらいのお支払額をお考えでしたか?」と聞くことによって、お客様も4000万円という大きな金額が、具体的かつ現実的な数字としてイメージできるようになります。

抽象的なイメージを具体的なものに組み変えていくと、お客様が購入までの道のりを想像しやすくなり、イメージを固める過程が整理整頓され、お客様が**本当に求めているものの姿が具体的に想像できる**わけです。

もちろん、前提として家族構成などもヒアリングしておく必要はありますが、会話の中で少しずつ購入するべきものへと近づけていくトークは、お客様を購買へと導いていく技術として非常に重宝します。

TEPPAN
37

こんなときには

最もオススメしたいものに、良い印象を持ってもらいたいとき

こう言おう

「Aという悪いところもありますが、Bという良いところもありますよ」

格言

本命の商品・サービスこそ、
あえて先に「悪いところ」を伝えるべし。

ヒアリングをするにあたりとくに効果的なものがあります。それを「三点トーク」と呼んでいます。三点トークとは「良し悪しトーク」「第三者トーク」「第一印象トーク」の3つから成ります。いずれもお客様に納得して買ってもらうための技術となります。

これら3つのトークを覚えておくだけで、後に想定される反論を回避することにもつながります。それぞれの内容について見ていきましょう。

まず、1つ目の「良し悪しトーク」とは、オススメする商品・サービスの「良いところ、悪いところ」をどう伝えるのかについて、工夫したものです。

すべての商品には良いところと悪いところがありますが、それをどう説明するのかによって、お客様の反応や購買意欲も変わってきます。

とくに重要なのは、**本命の商品ほど先に悪いところを伝えておく**ことです。具体的には「この物件は線路が近いんですよ」と先に伝え、「でも、防音対策はしっかりしていますし、深夜は電車も走りません。それに目の前にビルなどが建つこともありませんので、日当たりが最高ですよ」などと、良いところを伝えます。

このような順番でトークを展開することによって、お客様からは懸念点が払拭され、最終的に良い印象を持ちやすくなるのです。

TEPPAN
38

こんなときには

第三者に反対されることが想定されるとき

こう言おう

「お住まいになるのはお客様なので、お客様ご自身でご決断をしたほうがよろしいと思いますよ」

格言

第三者の反対を想定し、あらかじめ
免疫を付けるトークを展開しておく。

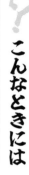

三点トークの２つ目は、「第三者トーク」です。ここで言う第三者とは、お客様と営業パーソン以外で購入に対して意見を言う人物。例えば住宅であればお客様のご両親などがそれにあたります。第三者トークとは、その商品・サービスを購入する際に、第三者に反対される可能性があることを伝え、自分自身で決断することの大切さを伝えるためのトークです。

例えば住宅であれば、「もっと良いのがあるんじゃないのか？」などと、ご両親に反対されるケースがよくあります。それでお客様の気持ちと要望が変わってしまうことがあるのです。

そこで、あらかじめ第三者に反対される可能性を伝えて、自分自身の意見を通すことが大事だと理解してもらうためのトークが「第三者トーク」です。つまり免疫力を付けておくわけですが、加えて「自分の人生は自分で決めましょう」と**背中を押す意味合い**も含まれています。

一例をあげると、「私は結婚するときに親に反対されたのですが、お客様は反対されましたか？」などと質問した上で、「でも、親というのは、子どもが心配だから反対するのです。住宅も同じで、最初は反対することも多いのですが、思い切って決断すると、後でいろいろとフォローしてくれるものです」などと伝えます。さらに「お客様も、ご自身でご決断されるイメージですか？」とつなげると、「そうですね」と自信を持って答えてくれることが多いです。あとは「やっぱり、自分の人生は自分で決めたほうがいいですよね」と締める流れになります。

TEPPAN
39

こんなときには

いろいろ見てみたいとお客様に
言われたとき

こう言おう

「第一印象でご決断した方は
後悔していない方が多いです」

格言

第一印象の重要性を語っておくべし。

三点トークの３つ目は、「第一印象トーク」です。住宅や自動車など高ければ高いほど、比較検討していると、なかなか決断できなくなります。悩めば悩むほど、**悪いところばかり目に付いて、**意思決定が難しくなるのですね。その結果、いつまで経っても決められず、時間だけが過ぎたあとに、結果的に**最初に「良いな」**と思ったものを購入しているケースが多いのです。

住宅など世界に1つしかないものであればなおさら、気に入っているのにもっといいものがあるのではと迷ううちに売れてしまい、結局買えなかったと後悔しないように、ご決断を促すようにすることが求められます。そこで役に立つのが「第一印象で決めましょう」と伝えるトークです。私のお客様で実際にあった話なのですが、５年もお家探しをされているお客様がいました。「5年間も気に入った物件がなかったのですか?」と聞いたところ、探しはじめたときにこれが良いと思う物件があったそうなのですが、他にもいいものがあるかもしれないと思い、探したけれども第一印象を超えた物件がなかった。そこで最初の物件に戻ったのですがすでに売れてしまったあとだったのです。そこから、何を見ても悪いところしか目につかず最初の物件を超える良い物件が見つけられず5年も探し続けていたのです。

だから「第一印象でご決断するのが後悔しない」とお伝えください。力強くこう言うと、そこには一面の真理があるのでお客様にもそう思っていただけるはずです。

TEPPAN 40

こんなときには

「もう少し待てば良いものは出てきますか？」と質問された

こう言おう

「出てくるかどうかはわかりませんが、お客様が買いたいと思ったときが買いどきだと思います」

格言

鉄は熱いうちに打て。待つとお客様の熱も冷めてしまうが一番大事なのは、いち早く新しい商品・サービスを手にとっていただき幸せな生活を手に入れていただくべし。

不動産業界では、よく「もう少し待てば良いものは出てきますか?」と聞かれることがあります。不動産仲介の場合、「わかりません」と答えるのが正直な回答です。

「もう少し待てば」という質問は「ほかの物件を見てみたい」というのとは違います。ほかの物件といった場合は、エリアや予算を変えて探したいということです。「もう少し待てば良いものが出るか」というときは、エリアも予算も同じで「より良いもの」が出てくる可能性があるのではないかということです。「わかりません」というのは、出てくる可能性もあるということですが、重要なことはいま検討している物件が**お客様の真のニーズに合っているかどうか**です。それをお客様とともに確認して合っているのであれば「お客様が買いたいと思ったときが買いどきだと思います」と促してあげるのが良いでしょう。お客様は買うという決断をする際にやはり少なからず躊躇します。そのため「もう少し待てば」という気持ちが出てきてしまうのです。その背中をそっと押してあげるのが正解なのです。

また「もう少し待てば安くなりますか?」という質問もあります。商品によっては、新型モデルが出て値段が下がるということもあるでしょう。しかし、不動産のように一点ものを扱う場合は当然別の人に買われてしまう可能性があります。だから、同じように真のニーズにあっていれば「買いたいと思ったときが買いどき」と伝えてあげるべきでしょう。

TEPPAN
41

こんなときには

相手から他商品や追加オプションの質問が出たら

こう言おう

「現在の生活で何か不便に感じていることはありますか？」

格言

他にも興味がある商品があるということは、お客様の生活の中にさらなる不満要素があるということ。

営業パーソンは、お客様の満足を引き出す提案営業が求められます。お客様があなたのオススメする商品を買うことがゴールではありません。買って、それを実際の生活のなかで使って**便利になる、満足をするということがゴール**なのです。そうしてこそ真にお客様に寄り添った営業といえます。

例えば、必要な商品が決まったあとでも、「ちなみに、現在の生活で何か不便に感じていることなどありますか?」と聞いてみると良いでしょう。そうすることで、お客様の不満要素を引き出すことができ、結果的に追加のオプション提案にもつながる可能性があるのです。

不動産の場合だと、断熱性能のＵＰ、床暖房やフローリングのコーティング、あるいはタッチレス水栓など、それぞれの生活に合わせたオプションを提案することができます。このような提案によって、お客様の満足をより引き出すことが可能となるのです。

追加オプションの質問が来たときに、内容や金額の説明で終わるのではなく、「何が不満なのか」を聞き出すことによって、よりお客様に寄り添った提案ができるようになります。

もちろん、お客様から「こういうのありますか?」と聞かれることもありますが、そのようなときだけでなく、自分から積極的に質問することで、お客様の真のニーズを引き出し言語化するチャンスとなります。それが価値ある提案につながっていくのです。

TEPPAN
42

こんなときには

「この商品はなぜ安いんですか？」と聞かれたとき

こう言おう

「今回は目玉商品として売り出しさせていただいています」

格 言

売れ残ったのではなく満を持しての登場。
つまり目玉商品と捉えるべし。

商品の値段を下げれば売れる。たしかにそういう側面もあるかもしれません。誰でも同じ商品であれば、安いほうが良いでしょう。しかし、お客様の心理のなかには、「なぜこんなに安いんだろう」というものも少なからずあります。転じて、**「売れ残ったからじゃないか」「どこか不具合があるのかも」**といったところまで考えが至ってしまうことがあります。

会社としては値段を下げて提供する理由はいくつかあります。大きなものが集客のためではないでしょうか。目玉商品を作ることでお客様の注目を集めて、全体の売上をあげていきたいという狙いのために商品の値段を下げる。この目的が一番多いのではないかと思います。

お客様に「この商品はなぜ安いんですか？」「他のお店よりもかなり安いですよね」などと言われたら、「今回は目玉商品として売り出しさせていただいています」とハッキリ答えてください。その一言で「売れ残り」「不具合」といったお客様の不安はなくなり、前向きに捉えてくれるはずです。会社は自信を持って商品を売り出しており、そのときのニーズが追い付いていない場合がほとんどなのです。

実際のところは、決算に間に合わせるために売上を確保したいという理由から値段を下げる場合もあると思います。それでも、買っていただきたいものの値段を下げるわけですから、目玉商品としてお客様にお伝えすると良いでしょう。

TEPPAN
43

こんなときには

数字で決断を促したいとき

こう言おう

「実際に試算してみると、いままでで500万円の損になっているんですよね」

格言

いままでどれだけ損をしてきたかを、
数字や金額などのデータで示すべし。

営業トークの中で具体的な数字を出すと、より説得力のある会話ができるようになります。
実際にヒアリングすると、お客様の中でたしかにニーズはあるのにもかかわらず、なかなか決断に至らないケースがあると思います。

そんなときこそ、数字の出番です。例えば、「実際に試算してみると、いままでで５００万円の損になっているんですよね」などと伝えてみるのが良いでしょう。数字を持ち出すことによって、意思決定をしない場合の損失をイメージしやすくするわけです。

不動産の場合であれば、「毎月10万円の家賃を10年払うと、それだけで１２００万円にもなりますよね！」という感じです。あえてシンプルに計算することで、インパクトはより大きくなります。「これが15年、20年、あるいは30年続くとすると、それこそ家も買えちゃいますね」。「早く買えば買うほどローンの支払いも早く終わります。人口減から新築着工数の減にともない、中古市場も伸びていますので、資産運用の点からも決断を先延ばしにするのは得策ではありませんね」などと追加でお伝えすれば、決断しないことのデメリットがわかりやすくなるでしょう。

このように、決断しないことによる**損失を具体的な数字で提示**してあげると、お客様も、客観的な判断がしやすくなります。

TEPPAN
44

こんなときには

不満の「根拠」を聞き出したい

こう言おう

「これよりも駅から遠くなると、何か不都合なことがありますか？」

格言

お客様の持つ不満が単なる思い込みなのか、それとも妥協できないものなのかを聞き出す。

営業活動がなかなか前に進んでいかないときは、お客様の中で、何らかの懸念事項があると推察されます。それを払拭しない限り、いくら説明を重ねても厳しいでしょう。

そのようなときには、あえて直接的な質問を通じて、ズバリ聞いてみるのがオススメです。

私がよく使うのは、「実際Ａだと、何かＢなのでしょうか？」というトークです。具体的には、「実際、これまでよりも駅が遠くなると何か不都合なことがありますか？」「日が当たらなくても空間が広くて明るく感じるデザインになっているんですが、何か気になるところはありますか？」などです。こうした質問によって、お客様が抱えている不満の根拠を探っていきます。

お客様としても、「駅から遠いのはダメ」「日当たりが悪いのはＮＧ」などと思い込んでいる可能性があります。しかしその根拠、つまり「なぜダメなのか」「なぜＮＧなのか」を掘り下げてみると、意外に問題がクリアできるケースも少なくありません。

誰であっても、駅から近くて日当たりがよく、立地も建物も価格もすべて問題ない物件を求めたいと思うものです。しかし、そうした物件はなかなかありません。そこで、本当に不満があるのはどこなのかを明確にし、妥協できる部分をお客様といっしょに探す必要があります。

不満の裏には、真のニーズがあるので、その商品・サービスに求める肝の部分が見えてきます。そこから、打開策も見えてくるのです。

TEPPAN
45

こんなときには

経験が浅いがゆえに、自分の意見を相手に伝えられない

こう言おう

「別のお客様も同じことを仰っていました」

格言

他人の言葉を借りて、説得力を増す。

新人の営業パーソンや、あるいは営業が苦手な人ほど、商品を直接的に勧められないことがあります。お客様には、若い人に意見をされるのを嫌がる人がいるのも実情です。

ベテランの営業パーソンは、「この物件がオススメです！　その理由としましては……」などと流暢にトークを展開できます。それができないあなたには、自分の意見を第三者、例えば上司や他のお客様の意見、つまり他人の意見として伝えるのも一つの手段です。

具体的には、「この物件がお客様にぴったりですよ！」と言う代わりに、「同じ悩みを抱えていた別のお客様も、このような物件が良いと仰っていました」と伝えるのです。

こうした言い方に変えることで、あくまでも自分の意見ではなく、別のお客様の意見を紹介するかたちに切り替えられます。つまり、営業の人間が勧める営業トークではなく、第三者によるいわゆる「口コミ」意見としてその物件が優良であると伝えられるのです。

しかもお客様としては、「困っているのは自分だけじゃないんだ」「自分と似た悩みを持っている人が良いと言っていたのなら間違いない」などと、前向きに検討できます。

このように、自分の意見を他の人の意見のように伝える方法は、自分の意見を伝えるハードルが低くなり、**お客様も意見を受け入れやすくなります**。そのため、説得力のあるトークを展開する一つの有益な手段なのです。

TEPPAN
46

こんなときには

ご希望通りのものを探し当てる道筋が見つけ出せていない

こう言おう

「他のお客様がどのような段階を進んでご購入されるのか図式化しました」

格言

お客様に購入までの流れをイメージしてもらい、
いますべきことを知ってもらうべし。

お客様の中で、契約・購入までに至る過程は常にあいまいです。**お問い合わせからご契約までの流れを、明確にイメージしている人はほとんどいません。**

しかし、その流れや全体像がイメージできていないと、お客様としてはいま自分がどの段階にいるのかわかりません。それで右往左往してしまう方も少なくないのです。

そこで営業パーソンは、ヒアリングでお客様の現状を聞きながら、いまどのような段階にいるのかを示してあげることが大切です。お客様が次に何をするべきか、これからどのような段階があるのかが見えてきます。

例えば、お客様が契約に至るまでの過程をスゴロクにして作成し、提示することをお勧めします。ゲームにすることで親しみやすくするのが目的です。

また、そのようなツールがなくても、図示したり箇条書きを用意したりすることで、お客様にわかりやすく示すことができます。不動産営業の場合であれば、「予算」と「エリア」の選定が重要になります。ご要望をヒアリングした上で予算を絞り込み、エリアを決めて候補を選定していく流れを図式化し、箇条書きしてみてください。

契約・購入までの全体像がお客様の中でイメージできるようになると、その後の商談も安心して進められるでしょう。

TEPPAN 47

こんなときには

オススメの商品・サービスに
お客様を導きたい

こう言おう

「実際にご覧になられてみて、
印象は変わりましたでしょうか？」

格言

体験こそがお客様の納得を引き出す。

営業パーソンは、そのときの状況に応じて、オススメしたい「本命」があるものです。もちろんその前提として、お客様のご要望があるのですが、そこから絞り込むかたちでオススメしたい商品・サービスを見極めておくことが求められます。

では、どうすればそのオススメへとお客様を導くことができるのでしょうか。

ポイントは、体験を通じて他の商品と比較をして、お客様に納得してもらうことです。最後に「実際にご覧になられてみて、印象は変わりましたでしょうか？」といった質問をしてみてください。なぜこの質問が重要なのかというと、お客様は、見学前と後で印象が変わるケースが多いためです。とくに、見せ方の順番で印象も変わってくるので、例えば**本命を最後にもってくる**などの工夫によってお客様を導くことが可能です。

不動産の場合は、比較するために先に物件をいくつかご覧いただいてから、よりお客様の要望に近いオススメ物件をご覧になってもらうなどの流れが一般的です。そうすると、ネガティブな要因も、案外妥協できることがわかります。よくあるのは「この物件は図面上だとリビングが狭いと思っていたのですが、実際に見てみると、見ていた図面よりも広く感じました」といったケースです。

このように、見せる順番や見せ方によって、お客様をオススメに導くことが可能となります。

TEPPAN
48

こんなときには

「いま買うべき」と思ってもらいたい

こう言おう

「ちょうど良い時期にお探しに
なられましたね」

格言

お客様の不満を購買動機につなげていく。

お客様は自分が抱えている不満を言語化できていないケースがあります。じつは購買の動機付けがあいまいなことの要因が、不満の姿が見えていないことなのです。適切なトークによって不満を言語化してあげれば「いま買うべき理由」につなげることもできるのです。なぜなら、**現状への不満はそのまま真のニーズになっていることが多い**から。鉄板41でご説明したように不満の「根拠」を見つけ出し、お客様と共有するヒアリングが大事になります。

また、不動産をはじめとする高額な物件の場合、ローンや支払いの心配をされるお客様も多いです。そのせいで「いま買って大丈夫かな」とお客様が考えていたとしたら、現在の状況を確認し、例えば「早くローンを払い始めたほうが当然ですが早く払い終わるので、むしろ良い時期にお探しにならたのではないかと思います」などと伝えてあげるのが良いでしょう。「今後のライフステージを考えると、お子さんの教育費もかかりますし、むしろこのタイミングで購入するのがベストなのではないでしょうか」などと伝えれば、それがいま買う理由にもなります。

お客様が抱えている不満は真のニーズであり、それがいま買う理由へと変化していきます。買いたいと思ったときが一番の買いどきであることがほとんどです。なるべくその背中を押してあげられるような言葉を見つけて伝えてあげてください。

TEPPAN 49

こんなときには

聞きにくいことを聞かなくてはいけない

こう言おう

「お客様のお借り入れ状況を銀行に伝えないと、金利優遇が適用できなくなってしまうかもしれませんので」

格言

一般的に聞きにくいことでも、デメリットが発生してしまうなどの理由付けをして必要なことは聞く。

お客様の借金の状況など、「聞きにくいこと」があるかもしれません。不動産の場合、住宅ローンを組む際の前提として「その他のお借り入れ」は必須の情報です。

一般的に聞きにくいことをどのように聞けば、お客様に失礼のないかたちで聞けるでしょうか。

重要なのは、聞かせてもらう**必要性をきちんと認識していただくこと**です。つまり、営業パーソンは「理由付け」を明確にする必要があるのです。

とくに、こちらが把握しておかないとお客様にデメリットが生じる場合は、その旨をきちんと伝えて必ず聞くようにしましょう。お客様が話しにくい事柄であっても、先に進むためには仕方ないと思ってくれます。

具体的には、「銀行さんは、その他のお借り入れを含めてすべての個人情報を把握します。ですので、後から新たに事実が発覚してしまうと信用がなくなってしまい、金利の優遇が受けられなくなってしまう可能性がありますので……」などと、理由を丁寧に説明するようにしてください。

とくに、きちんと答えないとお客様にデメリットがある（金利優遇が受けられない）こと、かつ、正確に答えればメリットが発生する可能性（金利優遇を受けられる）を伝えておくと、お客様の納得を引き出しやすくなるでしょう。

TEPPAN 50

こんなときには

年齢が上の人からの反論が想定される

こう言おう

「商品Aの買い方も、今と昔ではかなり変わってきましたね」

格言

共通の価値観を持つことで、想定される反論の材料や要素を事前になくしておく。

営業活動は、**ゴールから逆算**するかたちで展開していくのが基本となります。この原則は、本書のどの段階でも変わりません。

逆算して考えれば、想定されるお客様からの「反論」についても、あらかじめ準備をしておくことができます。

何か言われてから応酬トークを展開するのではなく、**想定される反論の材料や要素をなくしておけば、**スムーズに営業活動を進められるだけでなく、お客様の納得と満足をより引き出しやすくなります。これが営業の理想形です。お客様への利他心こそ営業をスムーズにします。

例えば、不動産を購入する場合も、現在ではインターネットで検索するのが一般的です。昔のように、数多くの不動産屋を回って比較検討することは少なくなりました。

それにもかかわらず、ご両親から「もっといろんな不動産屋を回ったほうが良いんじゃないか?」「他の業者にも相談したほうが良いんじゃないか?」などと言われて迷ってしまう人は、今と昔の探し方の違いが理解できていないと考えられます。

そこで、あらかじめ現代における不動産の買い方について説明しておきます。お客様と共通の価値観を持つことができ、ご両親の反論にも迷わなくなってもらえるのです。

アドバイス

お客様の要望≠ニーズ

お客様にはあれこれと要望があります。

しかし、それがそのまま「真のニーズ」ではないのです。要望だけ叶えて、ニーズに合っていないものを提案すると、後になって「やっぱりこれじゃない」になりかねないのです。

だから、ヒアリングは「要望ではなく、ニーズから始める」が大切です。

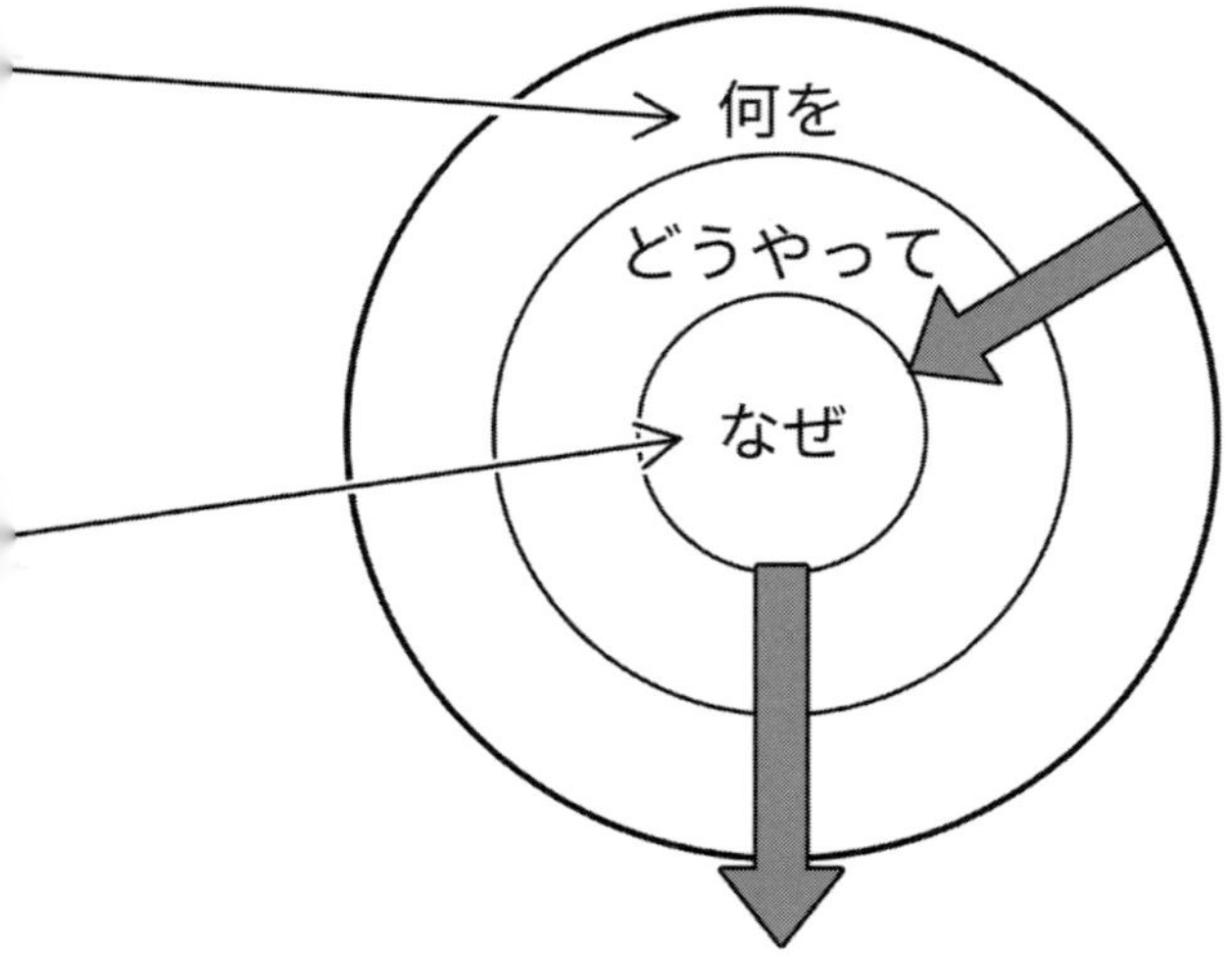

●真のニーズは、不満のなかにあることが多い。
●不満に感じていることの理由こそが、
解決すべき問題である。
●「なぜ」を言葉にして共有することで、
お客様にピッタリの商品を提供できる。

要望

あれがほしい、これがほしいなど、顕在化している要望。お客様自身で言語化できるものであることがほとんど。

例）駅から 5 分以内、LDK15帖

ニーズ

潜在化していて、お客様が言語化できていないことが多い真のニーズ。なぜその商品が必要なのかをじっくりとひきだす。

例）駅が遠くて不便、手ぜま、家賃がもったいない

※真のニーズの引き出し方については鉄板 27(P.90) 参照

コラム

社内コミュニケーションにも使える営業術②
結果の出ていない営業社員を励ますフレーズ

社内すべての営業パーソンが、必ずしも営業を得意としているとは限りません。営業に対して苦手意識を持っていたり、あるいはスランプに陥っている人もいるでしょう。

そのようなときこそ、営業スキルを社内の人間に対して使うべきです。とくに、部下や同僚が「売れない」と悩んでいるときには、適切な対話を通じて、お互いに鼓舞し合える環境を目指すことが求められます。

私はよく、元気がないように見える社員に対し「今日はいい天気だ。絶好の案内日和だね」などと言います。ほかにも「忘れ物はないか？」「いつもの明るい笑顔を忘れてるよ！」と言って相手を鼓舞することもあります。

声かけによって、お互いに励まし合うことができれば、社内の雰囲気も明るくなります。営業パーソンは気持ちの面で前向きになることも大切なのです。

第3章

プレゼンテーション

――相手に寄り添い商品を魅力的に紹介――

TEPPAN
51

こんなときには

お客様の真のニーズを満足させる商品であることを伝えたい

こう言おう

「お手数ですが、再度ご要望を整理させていただいてもよろしいでしょうか」

格言

商品提案の前に、あらためてお客様のご要望を確認、整理するべし。

アイスブレイクとヒアリングを経て、次のフェーズはいよいよ「プレゼンテーション」です。ただし焦って商品やサービスをプッシュするのは得策ではありません。前のめりになりすぎてお客様を逃さないよう、これまでの流れを踏まえて話を進めていきましょう。

そのために行いたいのが、**お客様のご要望ではなく真のニーズを再確認する**ことです。アイスブレイクやヒアリングの段階で、お客様の要望は大体つかめているはずです。ただ、プレゼンテーションに進むにあたり、あらためて確認しておくことで、真のニーズに沿った提案ができるようになります。

お客様には、「早く商品を見せてよ」「あなたの言う通りで良いよ」などと言う人もいるかもしれません。

真のニーズを把握できていないと、お客様の意にそぐわないプレゼンテーションをしてしまう可能性があり、これまでの努力が水の泡になりかねません。

ここでは、「お手数ですが、再度ご要望を整理させていただいてもよろしいでしょうか？」などと述べ、きちんと確認してから案内や商談に進んでいきましょう。

営業活動を慎重に進めていくためには、焦って先を急ごうとせず、一歩一歩着実にきちんと段階を踏むことが求められます。

TEPPAN
52

こんなときには

具体的な使用イメージを引き出したい

こう言おう

「使っているイメージが湧いたのはどの商品でしたか?」

格言

商品の感想は「良かった・悪かった」ではなく、
生活の中での１シーンを想起させる。

商品やサービスを見たり、体験してもらったあと、すぐに「どうでしたか？」と聞く人がいます。けれどお客様としては、その場で「良かった・悪かった」とは、答えにくいこともあります。

お客様はそもそも何が良くて何が悪いかわからないからです。スペックのことや価格などはわかっても、自分に合っているかなど、自分にとって「良い・悪い」と判断できないのです。

では、どうすれば良いのでしょうか？

ポイントは、お客様に**具体的な使用イメージを質問する**ことです。具体的には、「使っているイメージがわいたのはどの商品でしたか？」などの言い回しがオススメです。

このような聞き方をすることによって、「良い・悪い」ではなく、別の視点から商品・サービスの印象を確認することができます。お客様としても「とくにイメージできたのは……」などと、答えやすくなるのです。

とくに不動産の場合であれば、「今まで見た物件の中で、どの物件が一番生活している姿をイメージができましたでしょうか？」などを聞いてみると良いでしょう。

そのイメージが膨らんでいけば、最終的な意思決定もしやすくなり、本命へと導きやすくなります。

TEPPAN
53

こんなときには

商品の注目度を伝えるには?

こう言おう

「現地で他のお客様と重なってしまったら、譲り合って見てくださいね」

格言

自分が注目している商品は、他のお客様にも注目されている商品であることを伝えるべし。

お客様の購買意欲を高めていくには、営業活動の各段階において**「商品の注目度」を伝える**必要があります。とくに、ヒアリングやプレゼンテーションの段階で注目度を伝えることができれば、その後の商談や契約につながりやすくなります。

「こちらの商品は、他のお客様からも注目されています」「先日も、別のお客様がこちらの商品を気に入っておられました」「ただ、数が限られていますので、売り切れという場合もございます」といったことをうまく伝えられれば良いでしょう。

とくに不動産の場合、同じ商品は二つとありません。私も何度となく、タイミングを逃して買いたい物件を買えなかったお客様を見ています。ですので、「現地で他のお客様と重なってしまったら、譲り合って見てくださいね」などと伝え、物件の注目度をしっかり伝えてお客様の背中を後押ししていました。

営業の各段階において商品の注目度を訴求することが大事です。お客様が商品購入をより真剣に考え、「なるべく早く決断しなければ」と思ってもらうことができれば、早く商品・サービスを手にすることができ、お客様にとってもより満足していただけることとなるでしょう。

営業活動の多くは、タイミングに左右されます。適切なタイミングでお客様に商品の注目度をしっかり伝えていきましょう。

TEPPAN
54

こんなときには

お客様に安心感を与えたいとき

こう言おう

「みなさんAを選ぶケースが多いですね」

格言

お客様の選択が間違っていないと安心してもらいたいときは、他者の意見も活用しよう。

自分の意見や見識に自信をもっている人でも、やはり「他の人はどう思っているのか」は気になるものです。営業パーソンは、その気持ちを営業活動につなげていかなければなりません。とくにプレゼンテーションの段階では、お客様が商品を選択するにあたって安心感を持ってもらう必要があります。その一つの手段が、**一般的な傾向とお客様の個人の状況を比較検討**してあげることです。

例えば、不動産営業の場合でよくあるのは、「固定金利にするか、それとも変動金利にするか」というものです。いわゆる住宅ローンを組む場合の金利の選択ですが、ここで悩んでしまう人も少なくありません。ただ、大切なのは「どの住宅を購入するか」という点にあるはずです。それはお客様としても、接客をしている営業パーソンとしても同じでしょう。

ですので、金利の選択で悩ませてしまうのではなく、価値ある物件・商品を早くお客様に提供することが大事なことです。そこで、今までの事例をもとに「みなさんAを選ぶケースが多いですね」とお伝えし、「お客様の場合は」と話を進めていくといいでしょう。

その上で、「Aなら年末まで優遇制度が利用できますよ」などと追加の情報も提示してあげれば、お客様としても選択しやすくなります。このように、お客様が悩んでいるときなどは、今までの事例や他者の意見も積極的に活用するようにしましょう。

TEPPAN
55

こんなときには

要望に合った商品をお客様に気に入ってもらいたい

こう言おう

「他社のAと比較して、こちらにはBという特徴があります」

格言

いくつかの商品を見てもらい、
比較して検討してもらう。

営業は「キャバクラ／ホストクラブ」に似ているところがあります。じつは、接客業で行われている手法は営業に活かせることも少なくないのです。

例えば、新規のお客様には、さまざまなタイプのキャストを接客させることがあります。その目的はお客様の好み、つまり要望を引き出すことにあったりします。要望を把握して、それに合ったサービスを提供することによって、お店を気に入ってもらい、次回の来店にもつなげていく。まさに営業と同じですね。

不動産の場合、他の物件と比較することによって、オススメしたい物件の良さが見えてくることがあります。お客様のご要望を踏まえた上で、**その条件に近い比較対象となる物件をいくつか見てもらう**のです。お客様の真のニーズを把握しておけば、営業活動の指針となる地図を事前に、お客様別に作成しやすくなりますし、ゴールに対しての現在位置もわかります。

ポイントは、「要望に近い物件」を見定め、「お客様がご決断しやすくなるためには、何を比較対象とすれば良いのか」を考えることです。こうした比較によって、プレゼンテーションの効果が高まるのです。

TEPPAN
56

こんなときには

魅力的なプレゼンテーションをしたい

こう言おう

「弊社の商品の特徴は5つのハイです！」

格言

オススメのポイントをキャッチコピー化しておく。

どれほど優秀な営業パーソンが話したとしても、やはり「長い説明」を聞かされるのは誰だって退屈なものです。だからこそ、お客様を退屈な気分にさせない工夫が求められます。

商品やサービスには、どうしても紹介すべきポイントやスペックなどがあります。では、どのように説明すれば良いのでしょうか？

オススメするのは、**キャッチコピーのように、わかりやすくかつ聞いていて面白いと思える説明**をあらかじめ準備しておくことです。

手前味噌ですが、弊社商品シリーズ「天空の家」では「5つのハイ」があると紹介しています。通常仕様の「ハイドア」「ハイクオリティ」「ハイビュー」という3つのハイを売りにしますが、それに加えて、接客時の「ハイテンション」、さらには「ハイ、こちらで進めてください！」というお客様のお返事も加えています。

商品の説明やどうしても伝えなければならないことは、数字や英語などの耳に残る言葉を使いキャッチコピーのように創り込めば、お客様としても楽しんで聞くことができます。

もちろん、ただ説明するだけでなく「他社の商品とどう違うのか？」「何が良いのか？」という差別化ポイントを添えることも忘れないようにしましょう。

TEPPAN
57

こんなときには

この商品は必要ないと言われた

こう言おう

「説明書と実際のイメージでは違いますので、ぜひ一緒に見てみましょう！」

格言

数多く体験してもらうことが納得感につながる。

アイスブレイクとヒアリングを通じてお客様の真のニーズが明確になったあとでも、「この商品は必要ない」「この物件は見なくて良い」と言われることがあります。

そのときに考えられる主な原因は、「提案内容が間違っている（ニーズに合っていない）」か「お客様がその商品を十分に理解していない」です。

お客様がその商品について十分に理解していない場合は、プレゼンテーションによって正しい理解を深めていく必要があります。ただ、お客様には、なかなか前向きな考えになれない方もいるでしょう。この場合はご自身に行動してもらうことによって、得られるメリットを強調するようにしてください。

例えば、ある物件の図面を見たお客様が「その物件は必要ない」「見なくても良い」と言ったとします。ここで、営業パーソンは、「はい、わかりました」と諦めてはいけません。「じつは図面と現地で体感するイメージは全く違いますので、ぜひ一緒に見てみましょう！」「以前資料だけ見てお断りされたものの、実際に物件を見たのちに、感動してご契約されたお客様もいらっしゃいました」などと、**お客様に実際に体験してもらう**ことがキモとなります。

そうすることによって、お客様がその物件を理解し、頭と身体で納得してもらうことができます。まずは体験したいなと思ってもらう雰囲気を作ることも、営業の仕事なのです。

TEPPAN
58

こんなときには

見学の日と悪条件が重なってしまった

こう言おう

「よかったですね。今日は雨なので、陽のあたらないときの明るさなどが見られますから」

格言

いつもと違った条件だとポジティブに解釈すること。

プレゼンテーションの段階では、お客様の盛り上がった気持ちを阻害しないよう、細心の注意を払う必要があります。

例えば、ある不動産の購入を検討しているお客様がいたとします。そして、いよいよ実際に物件を見学する日が来ました。しかし、あいにく当日が雨だったときお客様にどのような言葉をかければ良いでしょうか。力量が問われる場面です。

たしかに、雨というのは気分が滅入るものです。足元も悪いですし、季節によっては寒かったり暗かったりすることもあるでしょう。物件をより良く見せる効果も乏しいかもしれません。

しかし、ものは考えようです。「雨なのか……」ではなく「雨だからこそ」と考えてみてください。そうすると、雨ならではのメリットが見えてきます。

お客様からの「今日は残念ながら雨ですね」への切り返しをどうするか？

「たしかに雨は残念ですよね。ただ、これ以上悪いコンディションにはなることはないですからね」「水の流れなども確認することができますね」などと切り返します。

雨という悪条件もプラスに変えることは可能なのです。つまり、お客様の盛り上がった気持ちを阻害することなく、次の段階に進められます。

どれほど**ネガティブな状況であっても、プラスに捉えなおす**努力を続けましょう。

TEPPAN
59

こんなときには

年収などセンシティブな内容や聞きづらいことを引き出したい

こう言おう

「どのあたりに該当しますでしょうか？」

（資料を見せて指をさしてもらう）

格言

直接聞きづらいことは、
ツールを活用して確認しよう。

ヒアリングの段階では、お客様の状況を確認したり、真のニーズを探ったりする質問が中心となります。そうすることで、最適な提案へと導いていくのが目的となります。

一方で、プレゼンテーションのフェーズに入ってくると、実際に購入したり契約したりする際の必要事項についても聞かなければなりませんが「聞いたら失礼になり、気分を害されるのではないか？」と消極的になり、次のステップへ進めなくなるのです。

例えば不動産営業の場合、お客様に年収や借り入れの状況も聞かなければなりません。物件の価格帯や住宅ローン契約などに関連してくるためです。

では、そうした情報はどのように聞き出せば良いのでしょうか？

そこで、オススメなのが**ツールの活用**です。

私がよく使うのは「住宅ローン控除の表」なのですが、「お客様のご年収はどのあたりに該当しますか？」と聞き、ご自身に指でさしてもらえば、直接声に出してお答えいただくことなく確認することができます。お客様としても、口で説明するより伝えやすいはずです。

業種ごとにシミュレーションツールなどが作れるはずです。日々の営業を想起して「Ａを聞くときはツールＢを使う」とあらかじめ用意しておけば、聞きづらいことも聞けるようになります。

TEPPAN
60

こんなときには

言わないといけないデメリットがある

こう言おう

（相手から指摘される前に）「こちらの物件はAという欠点があるのですが、じつはBという利点もありまして……」

格言

デメリットは、こちらが先に伝えれば、
お客様から信頼される。

お客様にとって商品やサービスのデメリットは、じつは営業する側にとっては強力な武器になります。**伝える順番**によって、お客様の印象を大きく変えられるからです。

基本的な技術としては、オススメの商品ほど、先にデメリットを伝えることです。デメリットを隠さないという態度が伝われば、お客様との信頼関係が築けるでしょう。また、あとからデメリットを払拭する情報を提示できるので、お客様の印象を「悪い」から「良い」に上書きすることも可能となります。

どんな商品でも良い所もあれば悪い所もあります。重要なのは、商品のデメリットを払拭できる情報を用意しておくことです。商品のマイナス面を把握しつつ、メリットとなる部分を押さえておくことが求められます

例えば、「この物件は駅まで少し距離がある」というネガティブな情報があったとしても、「バス便が充実しているので、近隣住民の皆さんからはそれほど不便ではないというご意見をよく聞きます」などとカバーできればデメリットが払拭できます。

どんな商品であっても、どこかに悪い部分があるはずです。マイナス面を先に伝え、あとから利点を重ねていけば、プラス面を強調したプレゼンテーションができるのです。

TEPPAN
61

こんなときには

理想が高すぎて条件に合う商品が見つからない

こう言おう

「100点ではなく70点の段階でお話を進めてゆく方が多いです」

格言

理想と現実を知ってもらい、
妥協できるポイントを一緒に探っていく。

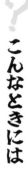

「都心へのアクセスがいい場所」「駅から徒歩５分圏内」「みんなでくつろげる広いリビング」「駐車するのに余裕があるカーポート」……。あれもほしい、これもほしいとなってしまうのは、お客様の心理として仕方ありません。何かをほしいと思うときは、理想が高くなるものです。むしろ、そういう「夢」を持つからこそ、買おうと思い立つのです。

しかし、１００点を求め続けて、いまでも購入する商品が見つからないということがよくあります。それればかりか「やっぱりないんだ」といって、買うのをあきらめるお客様もいます。

商品に値段がある限り絶対に１００点満点は存在しません。だから、「１００点満点ではなく70点くらいまでの段階でお話を進めてゆく方が多いです」が鉄板フレーズです。マイナス30点は妥協できるポイント。エリアなのか、駅から距離なのか、妥協できるポイントを見つけて共有します。逆に70点までの部分は譲れないところです。「家族の時間を大事にしたいので、みんなで集まれるリビングがほしい」。ここだけは譲れないという部分を明確にしてあげれば商品探しもラクに進んでいきます。

理想から離れていくと思われてしまわないように、「本当に大事なこと」つまり真のニーズがどこにあるのかを明確にしてあげることがポンイントです。また、「他の方も」とみんなそうして探していると伝えてあげると、お客様も納得して商品を見てくれるようになります。

TEPPAN
62

こんなときには

「もっと他のものはありませんか？」へ切り返したい

こう言おう

「重視されるのは、ご予算とエリアのどちらでしょうか？」

格言

お客様が判断できる項目を絞り、商品比較してもらう。

お客様が「他の商品も見てみたい」「他にはどんなものがあるのか？」と言われた場合、その後の進め方に注意が必要です。そのまま「他にはこのようなものがありますよ」「どうぞご覧ください」と促しても良いのですが、**商品を選ぶ際の判断基準を明確にし、お客様と共有し**ておくことが大切です。そうしないと、お客様はいろいろな商品に目移りしてしまい、いつまで経っても決められない恐れがあるためです。

ここでの鉄板フレーズは「重視されるのは、ご予算とエリアのどちらでしょうか？」です。気にされるポイントをあらかじめピックアップしておき、その判断基準をもとに物件を比較してもらうと、お客様にも納得してもらいやすいのです。

そこで「予算です」「エリアです」などの言葉が聞ければ、次に見てもらう物件も決まってきます。もちろん、オススメを買っていただくのがベストなのか、それとも他の物件のほうがお客様に納得してもらえるのかによって見せる物件は異なりますが、少なくとも営業の方針が明確になるのです。

お客様と判断基準を共有して、お客様が納得できる商品へと導いてあげるのが、プレゼンテーションにおけるトークの基本なのです。

TEPPAN
63

こんなときには

商品の説明後、購入するか否かの結論が出ない

こう言おう

「何か気がかりな点はおありですか?」

格言

失うであろう利益(恐怖)と得られる利益(喜び)を説明し、お客様の心理に働きかけるべし。

商品の説明やスペックの紹介が終わっても、なかなか結論が出ないことがあります。そのようなとき、すぐに別の商品やサービスを紹介するのも一つの方法ですが、あえて一度、**立ち止まって考えてみる**ことも大切です。

「何か気がかりな点はおありですか？」と質問すると、お客様としても何がネックとなっているのかを確認することができます。同時に、お客様が失うであろう利益（恐怖）と受け取ることのできるメリット（喜び）を正しく伝えるようにしましょう。

そのような質問をすることなく先に進もうとすると、いつまで経っても結論が出ない可能性があります。なぜなら、お客様自身も、何が引っかかっているのかを認識できていないと考えられるためです。

それでは、最適なプレゼンテーションをすることができません。だからこそ、お互いに現状を確認しつつ前に進むためにも、不安点を明確にすべきなのです。

人間の心理を大きく揺さぶるのは「恐怖」と「喜び」です。この二つにアプローチすることで、お客様の心を動かし、行動を促すことができるはずです。

TEPPAN
64

こんなときには

「先に資料を見せて」と言われた

こう言おう

「資料だけでは伝わりづらい点も、現場の印象を大切にしていただきたいので、まずは一緒に見に行きませんか？」

格言

資料だけでなく、商品を体験して判断してもらうべし。

ゴールから逆算して営業活動を組み立てていたとしても、なかなかその通りに進まないことがあります。例えば、アイスブレイクとヒアリングを経て、商品見学に進もうとした時点でお客様から「先に資料を見せて」と言われることがあります。

そのようなとき、すぐに資料を見せるべきでしょうか？

すぐに渡さずに「現場で資料を見てもらったほうが良い」でしょう。なぜなら、**商品を使う体験をしていただくことが重要**だからです。ここでの鉄板フレーズとして「資料だけでは伝わりづらい点もあり、現場の印象を大切にしていただきたいので、まずは一緒に見に行きませんか？」と伝え、お客様に体験してもらう方向へ導くといいでしょう。

それでも、「どうしても資料を見たい」と希望される場合には渡しても良いのですが、大切なのは、お客様に体験をしてもらい、頭だけでなく身体で納得してもらうこと。それを常に意識した行動をとるべきです。

営業パーソンの中は、いわゆる「御用聞き」のように、お客様の言うことを何でも聞いてしまう人がいます。しかしそれでは、営業の流れをコントロールできません。

そうではなく、お客様のメリットを提示しながら、「後で資料をお見せしますね」と言うことが必要な場合もあることを頭に入れておいてください。

TEPPAN
65

こんなときには

なかなか意思決定できない

こう言おう

「AとBでしたら、どちらかといえばどちらがよろしいでしょうか?」

格言

「どちらかといえば」を付けることによって、
心理的負担を減らし、決断に導いてあげるべし。

意思決定がなかなかできないお客様もいます。そのようなときには、営業パーソンがそっと背中を押してあげる必要があります。

ただし、そうした場合でも、営業はお客様の負担を減らすことに注力しなければなりません。あくまでも、**決断をラクにさせ、導くこと**が大事です。

少なくとも、無理に話を進めようとして、お客様の心象を害することがないように注意してください。

では、どうすればお客様の決断を自然に促すことができるのでしょうか。

手法として代表的なものは、「二者択一にする」ことです。具体的には、「AとBでしたら、どちらかといえばどちらがよろしいですか？」などの質問をします。

お客様に小さな決断をしてもらうのです。

ハードルを下げてしまえば、自分が何を欲しているのかがお客様の中でも自覚できるようになるでしょう。

「実際に決断してみればなんてことはなかった」というケースも少なくありません。だからこそ営業パーソンは、決断するためのハードルを下げ、なおかつ「自分で選んだ」という感情を上手に作るようにしましょう。

TEPPAN
66

こんなときには

お客様が商品を使うイメージができていない

こう言おう

「もしこちらの商品をお使いになるとしたら、家族みなさんが集まる場所ができて楽しい生活になりそうですね」

格言

お客様が商品を使用している「その先の生活」を
具体的にイメージさせるべし。

「二者択一」の他にも、お客様の決断を導く技術はたくさんあります。よく使われるフレーズとしては、「もしこちらをお使いになるとしたら……」という枕詞が挙げられるでしょう。「もし○○だったら……」という言い回しで**仮定の状況**を作り、その上で少し先の展開をお客様にイメージしてもらう手法です。そうすることで、お客様の中に承諾した状態を擬似的に生み出すことができます。

どれほど決断が難しいと思えるものでも、実際に決断してしまうと「大したことない」と思えることは多いです。だからこそ、「もし……」というかたちで決断を疑似体験させて、その後のイメージを持ってもらうことが大事です。

そこさえ乗り越えてしまえば、「ちなみに、この間取りの場合、ご夫婦の寝室はどちらにされるんですか？」「テレビはリビングのどのあたりに置かれますか？」など、未来を具体的に想像させることができるはずです。

なかなか決められないお客様には、購入後の生活をイメージできるような声かけが鉄則です。

TEPPAN
67

こんなときには

スムーズなご案内を演出したい

こう言おう

「○○の準備をしますので、少々お待ちください」

格言

段取りをきちんと付け、前準備を万全にすることで、
お客様により良い印象を与えるべし。

実際に商品やサービスを見ていただく「ご案内」の際には、より良い印象を与えられるように細心の注意を払う必要があります。とくに重要なのは、どのような状態で見ていただければより好感度を高められるのかを考え、必要な準備をしておくことです。

例えば、一軒家を販売する営業パーソンの場合であれば、「シャッターを開けておく」「電気をつけて明るくしておく」「室内に他業者さんのチラシなどを置きっぱなしにしていないか確認する」など、できることはたくさんあります。最高の状態で見ていただくために、「内覧の準備をしますので少々お待ちください」などとお客様に声をかけ、準備をしましょう。

前向きなお客様に対しては、すぐにでも物件を見てもらいたい気持ちになるのはわかります。しかし、環境整備が十分でなければ、むしろ逆効果になる可能性もあるのです。

その他の注意点としては、物件周辺の狭い道路も熟知しておいてスムーズに運転できるようにしたり、ロケーションの良い道から物件へ移動する、周辺環境について聞かれたらすぐに答えられるといったことも重要です。また、お客様に大事な時間を割いてもらっているので小走りで移動することも心がけましょう。

細やかな準備が、お客様により良い体験をもたらし、納得を引き出すことにつながります。

TEPPAN
68

こんなときには

ご案内が重なってしまった

こう言おう

「こちらは人気でして、ただいま他のお客様へご案内をしておりますので、少々お待ちいただけますか？」

格言

他のお客様にもご案内していることを伝えれば、
注目が集まっているという事実が自然と伝わる。

あるお客様が気に入っている商品は、じつは他のお客様も気に入っていることが非常に多いものです。人気の商品や物件の場合、現場見学がいくつかの組のお客様と重なってしまうこともあります。その際には、正直に「見学の時間が他のお客様と重なるかもしれない」と伝えてください。

そして、ご案内の前に「ちょうど、前のお客様のご案内も終わったようです」などと伝えると、お客様の中で「他にも見ている人がいるんだ！」「やっぱり人気の商品なんだ！」という感情が自然に引き出されます。

こうした声かけの工夫が、お客様に「やっぱり自分が選んだ物件は間違っていなかったんだ」という**安心感を持っていただく**ことにつながります。

ご案内が重なってしまうとついつい急かしてしまう営業パーソンも多いのですが、しっかりと安心感を持ってもらうアテンド（接待）を心がけたいものです。

効果的なプレゼンテーションは、最後のクロージングまでの流れを作るだけでなく、お客様の納得を引き出すことになります。ちょっとした工夫ではありますが、その言葉がどういう効果をもたらすのかをイメージしながら使うようにしてください。

TEPPAN
69

こんなときには

車でのご案内時にうまく話したい

こう言おう

無理に話さない。

格言

お客様同士で話してもらい、思考を深めてもらう。

お客様とともに車で移動する機会がある場合は、ぜひその時間を有効活用したいものです。車内は、普段とは異なる特別な空間です。住宅でいえば、家のことを考え、お客様と話ができ、お客様がより耳を傾けてくれる唯一の時間となるのです。しかし、じつは車内では話すより聞くことのほうが大事なのです。質問されて初めて自分の伝えたいことを伝えるようにしましょう。

例えば、営業パーソンが運転をしていて、後部座席にお客様夫婦が乗っていたとしましょう。そのようなとき、気まずさから無理にでも商品の説明をしたり解説したりしようとする人もいますが、私のオススメは「笑顔で沈黙」です。もちろん、この場合の沈黙とはお客様を放置するということではなく、お客様同士の会話に耳を澄ますということであり、**沈黙はお客様の思考を深くする効果**もあるのです。

とくに見学前や見学後のお客様は、「あの商品Aのここが気になってるんだよね」「さっきの商品Bはここが良かったね（悪かったね）」など、いろいろな話をするものです。こうした言葉の中に、お客様の真のニーズが隠されている場合も多いのです。

お客様が話をしないときもありますが、それでも無理に話を振らない。それよりもどんな表情をしているか、どんな資料を見ているかなどを観察してください。

お客様の話を聞き逃さないことが大切です。新人ほど沈黙を恐れてしまいがちですが、**沈黙は最大の営業トーク**なのです。

TEPPAN
70

こんなときには

契約や購入のプロセスに入る前に意思確認をしたい

こう言おう

「これから具体的にお話させていただきたいのですが、イメージが湧けばお話を進めてもよろしいでしょうか？」

格言

具体的な提案の前に、クロージングのテストをすることによって、お客様と意思をすり合わせる。

テストクロージングとは、お客様の検討が具体的になってきた段階で、意思決定を一度打診することです。重要なのは、お客様に「これから具体的な話を進めていきますね」という確認をすることです。お客様から「はい、よろしくお願いします」という言葉が出れば、そのまま具体的な話を進めていきましょう。

お客様から「ノー」と言われるかもしれません。しかしその言葉が出たら、関係がうまくいっている証拠だと喜んでも良いでしょう。お客様から**ノーをすべて出してもらい、あらためて寄り添った提案ができるチャンス**なのですから。

テストクロージングをしていないと、具体的な話を進めた最後の最後で「やっぱり……」と断られてしまった場合、再検討に戻りづらくなり、本当に断る理由を知ることのないままお客様が離れていきます。じつは「戻りづらい」というのは、営業側の心理だけでなく、お客様としても、何がネックなのかを営業担当者に言えずに、本当の「ノー」を伝えることができなくなるのです。そして、お客様としても後戻りできずに、商談が立ち消えという結果に終わってしまいます。

お客様が「ノー」と言っても良いという場として、お客様の心理に寄り添った提案営業をするためにも、テストクロージングは必須と言えるのです。

TEPPAN 71

こんなときには

テストクロージングで「ノー」と言われた

こう言おう

「それでは、ネックとなっている部分をお聞かせいただけますとありがたいです」

格言

「ノー」は、お客様の本音を聞き出すチャンスと捉える。

アイスブレイクとヒアリング、さらには商品説明や現地見学などが済んだあと、お客様の気持ちを確認するために「テストクロージング」をします。

最もプレッシャーがかかるクロージングの負担を軽くし、スムーズに購買・契約へと進むために非常に重要な営業活動の一つのステップであり、「これからクロージングに入りますがよろしいですか」と心の準備をするための重要な段階です。

例えば不動産営業の場合は、現地見学まで終えた段階で、「これから諸費用書を作成しようと思うのですが、月々のお支払いが最初にお話ししていたご予算の範囲内に収まればお話を前に進めてもよろしいでしょうか」などとテストクロージングを行います。

この時点で「よろしいですよ」というお返事をいただければ「ありがとうございます」と伝え、そのまま契約まで進められるでしょう。

一方で、「ちょっと難しいです」というお返事であれば、「ネックとなっている部分をお聞かせいただけますとありがたいです」と、お客様が**悩んでいる本音を聞き出して寄り添えるチャンス**と捉えましょう。ネックとなっているのが予算なのかエリアなのかなどを見定めて、お客様に本音、本心で納得いただけるものを提案するための材料・要素を集められるのです。

コラム

社内コミュニケーションにも使える営業術③
ネガティブな社員を鼓舞するには

発想がネガティブに偏りがちな社員に対し、どのような言葉をかければ良いのでしょうか？

例えば、社員が車をぶつけてしまった場合について考えてみましょう。ネガティブな社員ほど「とんでもないことをやってしまった」「どうしたら良いかわからない……」などと、いつまでも落ち込んでいるものです。

ミスがあれば反省すべきなのですが、会社組織において大切なことは、起きてしまった事象への対処法と、今後繰り返さないための対応策の検討です。

ここでの最適なフレーズは「君の体は大丈夫か？　他にけがをした人はいないか？　車も大変だったけれど形あるものはいつか壊れるから気にするな」と声かけした後に「車のへこみも直るんだから、君のへこみだって直るから大丈夫だよ」とフォローするのも良いでしょう。

いずれの声かけも、起きてしまったことを過度に気にしないフレーズになっているのがおわかりでしょう。

結論、「過去ではなく、未来に目を向けさせる」。

第4章

クロージング

――気持ち良い締めで「これから」を創る――

TEPPAN
72

こんなときには

契約の段階に入る前に何を話すべきか

こう言おう

「8月8日8時にご契約できるということを前提に、条件の交通整理をさせていただきますね」

格言

契約できる日時や用意するものを正確に伝え、
クロージングとは「大人と大人の約束」であることを
お客様と共有する。

アイスブレイクからヒアリング、そしてプレゼンテーションを経て、いよいよ契約を交わす段階、クロージングのときがやってきました。この「いよいよ」という気持ちは、お客様も同じです。いよいよ、新しい車を買って、家族とドライブに出かける。いよいよ、新しい家を手に入れて、新生活が始まる。ワクワクするのは当然ですが、じつはドキドキもしています。金額の大きな買い物であればなおさら緊張するものです。

最も重要なことは、契約は**「大人と大人の約束」であることを伝える**ことです。このように言うと、お客様に覚悟を決めてもらうように聞こえるかもしれませんが、クロージングが大切な約束だと意識しないといけないのは営業パーソンも同じです。

「初めまして」から「契約」までの過程において、お客様は営業パーソンに似てくると言われることがあります。だから自分が営業活動の初めから小さな約束を守ることが必要です。そうすれば、自然とクロージングという大きな約束も、「お互いに」守るべきものという意識が共有できるのです。

「それでは、8月8日8時にご契約できるということを前提に、条件の交通整理をさせていただきますね」といったように、これから契約を交わしますよ、ということを伝えるようにしてください。

TEPPAN
73

こんなときには

これからもこの人に任せたいと思ってもらいたい

こう言おう

「契約で終わりでなく、これからが長いお付き合いになりますので、よろしくお願いします！」

格言

お客様の一生涯の協力者となることを目指すべし。

とくに若手の営業パーソンほど、お客様から「好かれる」ことが大事です。**お客様に可愛がられるようになれば、それだけ営業活動もスムーズに行えるように**なります。

若い営業パーソンの場合、一生懸命やっていると、「年齢の割にしっかりしてるね！」「コーヒーでも飲む？」などと声をかけていただき、親密度の高い関係性の構築が結果にもつながっていくのです。

営業パーソンは、「どうしたらお客様にかわいがってもらえるか？」を考えることが大事です。そしてそのための努力の積み重ねが、お客様に最もストレスのかかるクロージングにも生きてきます。最後の意思決定へと導いていくクロージングは、営業側としても緊張するものです。テストクロージングを経て、お客様の気持ちをきちんと作っておくことで、お互いにリラックスした状態で最終決定に臨めます。その下地作りとして、まずはお客様にきちんと寄り添う姿勢を持つこと。具体的には、発言内容をメモしたり、質問されたことを上司に確認したり、テキパキと段取り良く行動したりなど、小さな日々の行動から気を付けるようにしましょう。

注意深く、一生懸命仕事をしていると、学んだことの定着スピードも速くなり、自分なりの勝ちパターンも見えてきます。

TEPPAN
74

こんなときには

具体的な内容について確認したい

こう言おう

「金額面は問題ないとのことですので、ご契約日は週末か平日、いずれかご都合のよろしい日どりをご指定ください」

格言

クロージングは先に契約日を決めるべし。
その後で、内容の話を進める。

クロージングの時点では、すでにテストクロージングを経ていることが前提となっています。そのため、金額などの条件面の最終確認はすでに終わっているはずです。もし不安ならば、「金額は70万円で問題ございませんか？」などと確認をしても大丈夫です。

そのまま契約に進むケースも少なくありませんが、とくに高額な商品などは契約日を別途設定する場合もあります。そのときは「金額面は問題ないとのことですので、ご契約日は週末か平日、いずれかご都合のよろしい日どりをご指定ください」と具体的に確認しましょう。

もしこの時点で、お客様に迷いがあったり悩んだりしている場合は、無理に話を進めないほうが無難です。お客様が納得できるよう、必要事項についてきちんと話し合っておく必要があります。

土台をしっかりと作っておけば、無理に商品を売ろうとして前のめりになる必要がなくなります。クロージングを「契約を取り付けるもの」だと考えがちですが、むしろ「**どうすればお客様の負担を少なくできるか**」をよく検討してください。

大切なのは、契約・購買までの自然な流れを作り、意思決定にかかるお客様の心を楽にすることなのです。

TEPPAN
75

こんなときには

お客様が物件を気に入った

こう言おう

「それでしたら、お話を進めてまいりましょう！」

格言

条件が合えば、ストレートにお客様の背中を押すこと！

高価な買い物をするときほど、決断するのには「勇気」が必要になります。**お客様を鼓舞するのも営業の仕事**と言えます。

決断はある意味で「スカイダイビング」のようなものかもしれません。

スカイダイビングでは一人で飛べる資格を持たない場合、インストラクターと一緒に飛ぶことがほとんどです。

飛行機から飛び出すのも、頭の中では「自分で行ける」と思っていてもやはり尻込みしてしまうものです。そこでインストラクターが、最後の一歩を踏み出す手助けをしてくれるのです。インストラクターと一緒に飛ぶことで安全が確保され、安心して大空に飛び立つことができるのです。

住宅など、「一生の買い物」を決断する場合も同じです。すべての条件が整っていたとしても、最後の最後で尻込みしてしまう人はいます。その背中を押してあげてこそ、お客様が決断できるのです。

「手続きは煩雑です。プロである私どもにお任せいただいてもよろしいでしょうか」と、背中を押してあげる言葉を、条件が合意できた段階で、タイミングを見計らってお客様にかけることが非常に効果的なのです。

TEPPAN
76

こんなときには

その場で結論を出してもらいたいとき❶

こう言おう

「私は席を外しますので、ぜひご家族で話し合ってみてください」

格言

あえて席を外して、お客様同士で本音、本心で話し合ってもらうべし。

住宅や車などの高価なものは、ご家族で見学したり検討することも多いです。そのため案内をするときも、一緒に見てもらうケースが少なくないでしょう。この場合、その場で結論を出してもらうぐらいのイメージを持つべきです。見学後の感想などは、時間が経てば薄れていき日常のあわただしさのある生活に戻ってしまうものなので、その場で話をしてもらうほうが効果的なのです。そのときに、**部外者である営業パーソンがそばにいると、案外本音は話せないも**のなのです。

そこで効果的なのが、「あえて席を外してご家族だけで話す時間を設ける」ことです。お客様だけのほうが本音で話ができる。家に帰ってからは、意外と話をしないものです。これは、営業の合間合間で使える技術の一つです。見学の後、商談に入る前に、あえて5分ぐらいの時間をあけて、商談の席につくようにしてみてください。ご家族で話す時間は重要なのです。

また、クロージングでよくあるのが、「家に帰ってから検討してみます」という断り文句なのですが、「わかりました」と素直に答えるのはＮＧ。せっかく商品探しの時間をつくってもらっているので、その場で話し合っていただくのが一番です。そこで、「私は席を外しますので、ぜひご家族で話し合ってみてください」の鉄板フレーズを使いましょう。ご家族だけならば、本音で話ができ、その後に決断を促すことで、方針を固めてもらいやすくなるものなのです。

TEPPAN
77

こんなときには

その場で結論を出してもらいたいとき❷

こう言おう

「明日の朝起きたとき、物件のことを考えて、やっぱりあそこに住みたいなと思ったならば……、それが答えです」

格言

結論を出す期限を明示することで、
意思決定をしやすくしてあげるべし。

いくらお客様にアプローチをしても、その場で決められないことはあります。ただ考えてもらうのでなく、**「いつ決めれば良いか」**を伝えて、いったん時間をおきましょう。

そもそも人間は、命に関わること以外は、つい先延ばしがちです。商品やサービスを購入するときも、「もう少し先で良いか」「結論はまだ出さなくて良いか」と考えてしまい、ズルズルと決められなくなります。

少し時間を置いて考えてもらう場合には、「翌朝起きたとき、物件のことを考えて、やっぱりあそこに住みたないと思ったならば……、それが答えです」というのが鉄板フレーズです。

考えを一晩熟成することで、頭が整理されることもあります。

「朝起きたら考える⬇決断する」という意識も生まれ、お客様が能動的に結論を出せることが多いのです。

お客様に決断を促すためのアプローチの一つとして、時間を置くという選択肢は意外に有効なのです。クロージングは、お客様が目の前にいるときでなくてもできます。

ほとんどのケースで、お客様の心の中では答えがすでに出ており、それを固めるタイミングを、お客様に伝えてあげるだけでよいのです。

TEPPAN
78

こんなときには

その場で結論を出してもらいたいとき③

こう言おう

「お探しの理由は3つの条件を満たすことでしたね？　ここが売れてしまったら後悔されませんか？」

格言

起点である真のニーズを再度認識してもらい、
購入しない場合のデメリットもイメージしてもらう。

最終的に「買う・契約する」の意思決定の段階で迷っている人は、「もしそれを買ったらどうなるのか？」「契約したら何か困らないか？」とばかり考えています。例えば住宅ローンという大きな借金を背負うなど、購入した場合のデメリットに意識が行っているわけです。考えれば考えるほど、思考は悪いほうに向かっていきます。そのままの状態では、「決断＝マイナス」という発想になりかねません。

営業パーソンは、そうした**思考の偏りをほぐす**ようにしましょう。

具体的には、「買ったらどうなるのか？」という視点を、「もし買わなかったらどうなるのか？」に切り替えてあげるのです。「お探しの理由は３つの条件を満たすことでしたよね？」などとお客様の真のニーズを再認識してもらった上で「ここが売れてしまったら後悔されませんか？」などと聞いてみると良いでしょう。

お客様の視点が変わり、買わなかった場合の損失に目が向きます。それが決断を促すことにもつながるのです。

誰しも、後悔したくないと思っています。決断しなかったために後悔が生じる可能性をイメージさせる。つまり最悪のシチュエーションを想起させることが、お客様の背中を押してあげることになります。

TEPPAN 79

こんなときには

お客様が第三者（決定権者・上司）に確認を取らないといけない

こう言おう

「私からも上司の方に説明させていただきたいので、もしよろしければ上司の方のご連絡先をお教えいただけますか？」

格言

第三者（決定権者）と直接話す姿勢を示すことで、
お客様がその場で話してもらうきっかけを作るべし。

ＢｔｏＢの営業の場合、お客様から「上司に確認を取らなければならないので、一度持ち帰らせてください」と言われることがあります。

そのようなケースは、ＢｔｏＣの場合の「夫（妻）に確認を取らなければならない」「両親に聞いてみないと決められない」と同じです。つまり、その場では決められず、第三者に相談したいのです。

営業パーソンとしては、必ずしも言葉通りに取る必要はありません。もちろん相談は必要なのかもしれませんが、一人になって「ああでもない」「こうでもない」などと悪いほうに考え込んでしまうと、「やっぱり断ろう」と気が変わることもあります。その結果、「やはり上司の承諾が得られませんでした」という最終的な断りにつながることが多いのです。

お客様に上司の確認が必要な場合は「私からもご説明させていただきたいので、よろしければご連絡先をお教えいただけますでしょうか？」などと打診してみましょう。多くの場合、お客様から「いま確認してみましょうか」とその場で確認のアクションを取ってくれるものです。

営業パーソンが自ら話し、納得してもらおうという行動が、お客様を安心させ、自ら行動をしていただくきっかけを作るのです。

TEPPAN
80

こんなときには

迷っている人の背中を押すひと言が必要なとき

こう言おう

「悩むということは、『ほしい』『やめておこう』の両方のお気持ちがおありですね？　良いなという気持ちが少しでもおありならばお話を進めてみませんか？」

格言

「悩んでいる」というのはどういう心の状態なのか、
お客様に自覚してもらうべし。

大きな買い物をするときには、誰もが「悩む」ものです。ただ、多くの人は、自分が悩んでいるという状態がどういうものなのかはあまり意識していないのです。

そもそも、悩むとはどういう状態なのでしょうか。

もしその商品なりサービスが絶対に必要ないと判断できるのなら、お客様はすぐに「いりません」と言うはずです。けれど、そうしないのには理由があります。つまり、「買いたいという気持ちがあるけれど、決められない」ということです。それが悩むという状態です。

大切なのは、営業パーソンがきちんと働きかけることによって、お客様のその気持ちに気づかせてあげることです。そうしないと、お客様は自分が悩んでいるという状態から解放されたいばかりに、自らの願望に気づかないまま断ってしまうのです。

そこで「悩むということは『ほしい』と『やめておこう』の両方のお気持ちがおありですね？　良いなという気持ちが少しでもおありであればお話を進めてみませんか？」の鉄板フレーズを使ってください。お客様の「買いたい」という気持ちと、「でも決断できない」という気持ちの**両方を意識してもらえれば**、より決断はしやすくなります。

そのような声かけもまた、背中を押すことに他なりません。

TEPPAN 81

こんなときには

質問は多いが、迷うだけで決断に近づいていない

こう言おう

「それが問題なければ、お話を進めてよろしいでしょうか？」

格言

質問が質問を呼ぶことがあるので、ただ質問に答えるのではなく、答えた先にあるものをイメージさせる。

会話の中で、当然ですがお客様はいくつも質問をします。もちろん、質問にはきちんと答えるという姿勢が大切です。ただし、クロージングの最後の一歩の場面では少し違います。質問に答えたことがさらなる質問を呼んで、お客様が不安になり、「買うか買わないか」から気持ちが離れていってしまうことがあります。ただし「質問はここまでです」と言うわけにはいきません。クロージングの段階においては、その質問に回答することによって先に進むという区切りを明示してあげると良いでしょう。

お客様から「この電柱は移動できますか？」などの質問があったとしましょう。そのとき、「確認します」などと答えるのではなく、「それが大丈夫であれば、お話を進めてもよろしいでしょうか？」と言うようにします。

このように、質問に答えるだけでなく、次に進むというニュアンスを加えておくことによって緊張感が生まれます。これを私は**魔法の杖の切り返し**と呼んでいます。

もし、お客様から聞かれたことに一生懸命答えているのにもかかわらず、営業成績が伸び悩んでいる人は、ぜひこの魔法の杖の切り返しを使ってみてください。

ポイントは、「であれば～」という言葉を用いて切り返すことです。

TEPPAN
82

こんなときには

値引き交渉への対応に困ったとき

こう言おう

「ほとんど値引きはしてくれないメーカーなのですが頑張って交渉してみます」

格言

値引き交渉をきっかけに、
お客様にも覚悟を決めてもらうべし。

お客様からの「値引き交渉」は、対処が難しい問題です。使い方によっては効果的ですが、場合によっては利益を大きく下げてしまうこともあり、業種や業態によっても異なる部分が大きいと思います。

不動産業では、基本的には「難しい」とお伝えするようにしています。とくに自社が所有しない仲介業の場合は、所有者に価格決定権があるので交渉もなかなか難しいものです。

ただし、「値引きは難しい」とそのままお伝えせず、「ほとんど値引きはないのですが、頑張って交渉してみます」などの鉄板フレーズを使うようにしています。

可能性はあまりない旨を伝えつつ、こちらも努力する姿勢を示すことができます。状況に応じて、**逆にお客様の決断を促す言葉を直接伝えてしまう**のも良いでしょう。

「価格交渉を頑張りますので、ご要望値引額を達成できた場合は、ご契約を前向きに検討いただいてもよろしいでしょうか?」などと伝えるのが効果的です。「私も頑張るのでお客様も頑張って契約日のスケジュールを決めていただければ嬉しいです」と、明るく背中を押してあげるのもいいでしょう。

そのようにして、お客様から有利な条件を引き出すことが良い結果につながります。

TEPPAN
83

こんなときには

今後の関係性を深めたい

こう言おう

「もしよかったらランチミーティングでもしませんか？」

格言

お酒の入るディナーではなくランチに誘うことで、
気軽な話も真面目な話もできる。

相手が個人ではなく、会社などの担当者の場合はとくにそうですが、契約後も長い付き合いになるケースは多いことでしょう。

そのような場合には、**契約が済めばそれで終わりではありません。**むしろ、契約後のアフターフォローを丁寧に行うことによって、良好な関係性を構築できます。

大切なのは、契約という短期的な視点で考えるのではなく、長期的な視野を持って対応することです。

関係性を深める工夫としてオススメは、「ランチミーティング」です。

親睦会などでよく催されるのは夜のディナーや飲み会などですが、お酒の入る場ではなかなか真面目な話ができません。お互いの距離は縮めるのには良いのですが、仕事の話は深まらないことが大半です。

一方で、ランチミーティングであれば、手軽なことに加え、仕事の話もでき、親睦を深めることもできます。

契約の感謝を示すことはもちろんですが、そのほかに困りごとがないかを聞ければ、次の提案にもつながっていきます。直接自分たちの仕事と関係のないことでも、お手伝いの種を蒔いておきましょう。コミュニケーションを図り、契約後も継続的な関係性を築けるのです。

TEPPAN
84

こんなときには

クロージングの後のお客様がお支払いの不安、もっといいものがあったかもの不安があったとき

こう言おう

「お客様のご要望にぴったりの商品で、本当に良かったです」

格言

商品自体の性能が良いのではなくて、お客様が要望を満たしたという安心感・納得感をもってもらう

クロージングによって無事に契約予定になった後も、営業パーソンは気を抜いてはいけません。お客様に常に配慮し、最後まで寄り添うようにしましょう。

とくに契約することが決まった後は、お客様も興奮していることが多いです。また、いつもとは違った心境に戸惑っている部分もあるかもしれません。場合によっては、「本当に契約しても良いのかな……」「もっと良い商品があるかもしれない……」などと不安になることが多くあります。

そのような点を加味して、「お客様のご要望にぴったりの商品で、本当に良かったです」と伝えてあげてください。「お客様のご要望」と改めて言葉にすることによって、「この商品は自分に合っているもの」と再確認してくれるはずです。

重要なのは、お客様の決断が間違っていなかったと感じてもらうことです。お客様は「契約して良かった」「買って良かった」という気持ちが高まっていきます。

契約後のお客様をないがしろにする営業パーソンは、プロではありません。**感動を売るのが真の営業パーソンです。**

そのために、お客様の心の動きを感じて丁寧にフォローしてください。その心構えが、次のお客様の契約にもつながっていく「ファン作りの礎」となるでしょう。

TEPPAN
85

こんなときには

お申込み後、お客様が不利益を被らないようにしたい

こう言おう

「過去に抜けがけによるお客様の被害例もありますので、契約内容などは、他社には言わないでください」

格言

お客様の利益を最大限に守るため、
きちんと注意点を伝えておく。

契約が決まった後には、営業パーソンもお客様も浮足立っていることが少なくありません。しかし、最後まで気を引き締めて取り組まないと、思わぬトラブルが起こることがあります。最悪の場合、お客様が不利益を被り、これまでの努力が水の泡になってしまう恐れもあります。そうならないよう、可能な範囲でお客様にできることをしておきましょう。

例えば不動産業では、「過去に抜けがけによるお客様の被害例もありますので、契約内容などは、他社には言わないでください」とお客様にお伝えします。なぜなら、当社と契約することを知った他社が、売主さんにもっと良い条件のお客様がいると嘘の情報を流し、他の物件を紹介させるために交渉をまとまらないようにするケースがあるためです。そのためお客様が好条件での契約ができなくなることがあるのです。**お客様の不利益になる可能性はできる限り減らしておくべき**です。そのためには、当社と契約する予定であることを、他社に言わないようにに伝えておくことが必要なのです。

お客様としても、理由がわかればきちんと守ってくれるものです。しかし知らないままだと、伝えてしまう可能性もあります。

そうした事態を未然に防ぎ、お客様の利益を守るためにも、きちんと注意点を伝えておきましょう。

TEPPAN 86

こんなときには

なかなか決断できないお客様に最後のひとことを声かけするとき

こう言おう

「お客様、ご決断のときが来ましたね」

格言

あえてストレートな表現をすることで、決断を引き出す。

営業パーソンたるもの、トークの引き出しはたくさん持っておきたいものです。とくに、クロージングで最後の決断を促す、とっておきのひとことを発揮できれば、お客様も心を決めてくれるはずです。

例えば、あと少しで決められそうですが、どうしても決断できないお客様がいたとします。話す話題もなくなり、思い沈黙が室内にたれこめたとき、あなただったらどのような声をかけるでしょうか？

ここでの鉄板フレーズは、**あえてストレートな声かけをする**ことです。

それまでにもいろいろな声かけをしてきても決断できなかったのですから、ここは思い切って、直接的な言葉で背中を押してみましょう。

具体的には、「お客様、ご決断のときがきましたね」が少しラフな言い方にはなりますが、相手の心に働きかける鉄板フレーズです。

あるいは、「お客様、こちらに決めましょう！」などでも構いません。いずれの場合も、はっきりとしたフレーズで背中を押すことには変わりません。

これまでの過程できちんと人間関係が構築できていれば、きっとお客様からは「わかりました。あなたがそう言ってくれるなら決めましょう」という返事をいただけるはずです。

TEPPAN
87

こんなときには

どうしても結論が出せそうにないとき

こう言おう

「いま、ご購入いただかなくても
大丈夫なのですが……」

格言

「いま、買うかどうか」という思考から、「買うと素晴らしい未来が待っている」という思考に移してあげる。

クロージングのシーンでは、お客様は「いま」買うべきか買わざるべきか、「いま」必要か不必要かなどと考えているはずです。

そうした思考に凝り固まっていればいるほど、「いま、必要性があるか」ばかりに目が行ってしまいがちです。そのため、購入の決断ができなくなってしまうこともあります。

ですので、その状態からお客様を開放してあげることが大事です。

具体的には、「いま、ご購入いただかなくても大丈夫なのですが……」などの言葉をかけてみるのはいかがでしょうか。

そして、将来的に考えられる潜在的な「不満」「悩み」をあらためて思い出していただき、それらを解消できるメリットを伝え、**素晴らしい未来が待っている**ことを話してみてください。

それを聞くと、お客様としては意表を突かれるはずです。なぜなら、「いま」ばかりを見ていた視点が、「未来」に移されるからです。しかも「素敵な」未来がイメージできることで、購入への足が一歩前へ進むはずです。

高価な買い物しかり、重要な決断をするときほどリラックスが重要です。営業パーソンは、お客様に良い未来を想像させてあげて、素敵な生活が手にできるワクワクを提供してあげるのも重要な仕事なのです。

TEPPAN
88

こんなときには

迷っているご年配のお客様に最終決定を促す

こう言おう

「人生の大先輩に生意気言って申し訳ありませんが……」

格言

枕詞を上手に使うことによって、
言いにくいことも言えるようになる。

若い営業パーソンにとって、年輩のお客様へのクロージングで決断を促すフレーズはなかなか言いづらいかもしれません。

そのようなときには、ぜひ**枕詞**を使ってみてください。

枕詞とは、伝えたい言葉の前に置く前置きのような言葉です。例えば、年上のお客様に決断を促すときには「大先輩に生意気言って申し訳ないのですが……」などがオススメです。

このような枕詞を使うことによって、言いにくいことでも相手に受け入れてもらいやすくなります。

ここで重要なのは、年上のお客様に対してクロージングしなければならないというプレッシャーを楽にすることです。「言わなければ」と思えば思うほど、その緊張感はお客様にも伝わってしまいます。

そうした状況を変えるためにも、ぜひ枕詞を活用してみてください。その結果、素直な言葉が届きやすくなり、努力を認めてもらえる可能性も高まるはずです。

お客様も、**背中を押す言葉を待っている**かもしれません。勇気を持って、枕詞を用いながらクロージングするその姿を見て、お客様もきっと決断してくれるはずです。

アドバイス

使える枕詞リスト

使える枕詞を紹介しましょう！　聞きにくいこと、言いにくいことでも、相手に不快に思われないためのひと言。

① 大変恐縮ではございますが
➡ ビジネス上の枕詞としては一番大切。横柄な物言いと思われないための重要なクッション。

② あくまでも、ご提案なのですが
➡ 営業側意見を「会社に都合がいい」と不審がられない。

③ より良い商品をご提案したいので
➡ ヒアリングシートなどを詳細に書き込んでもらえる。

④ 先週ご案内したお客様もおっしゃっていたのですが
➡ 自分の意見でも「お客様の言葉」として伝えることで共感を得られる。

⑤ お客様だけでなく皆さんにお話しさせて頂いておりますが
➡ 年収など、センシティブな内容を聞くときに使う。「皆さん」というクッションで安心感を持ってもらえる。

⑥ 土日はお席が埋まりやすいので
➡ 住宅などの現場見学で平日にアポイントを取りたい場合に「こちらの都合」と思われない。

⑦ ご経験豊富な方に対して失礼ではございますが
➡ 目上の方や社会的地位の高い方に対して使う。

アドバイス

成果の出る人は、「知ったこと」を「行動に移す」

「知っている」と「している」はまったく違うものです。

同じ営業マニュアルを実践していても、成果の出る人と出ない人がいるのではなぜでしょうか？

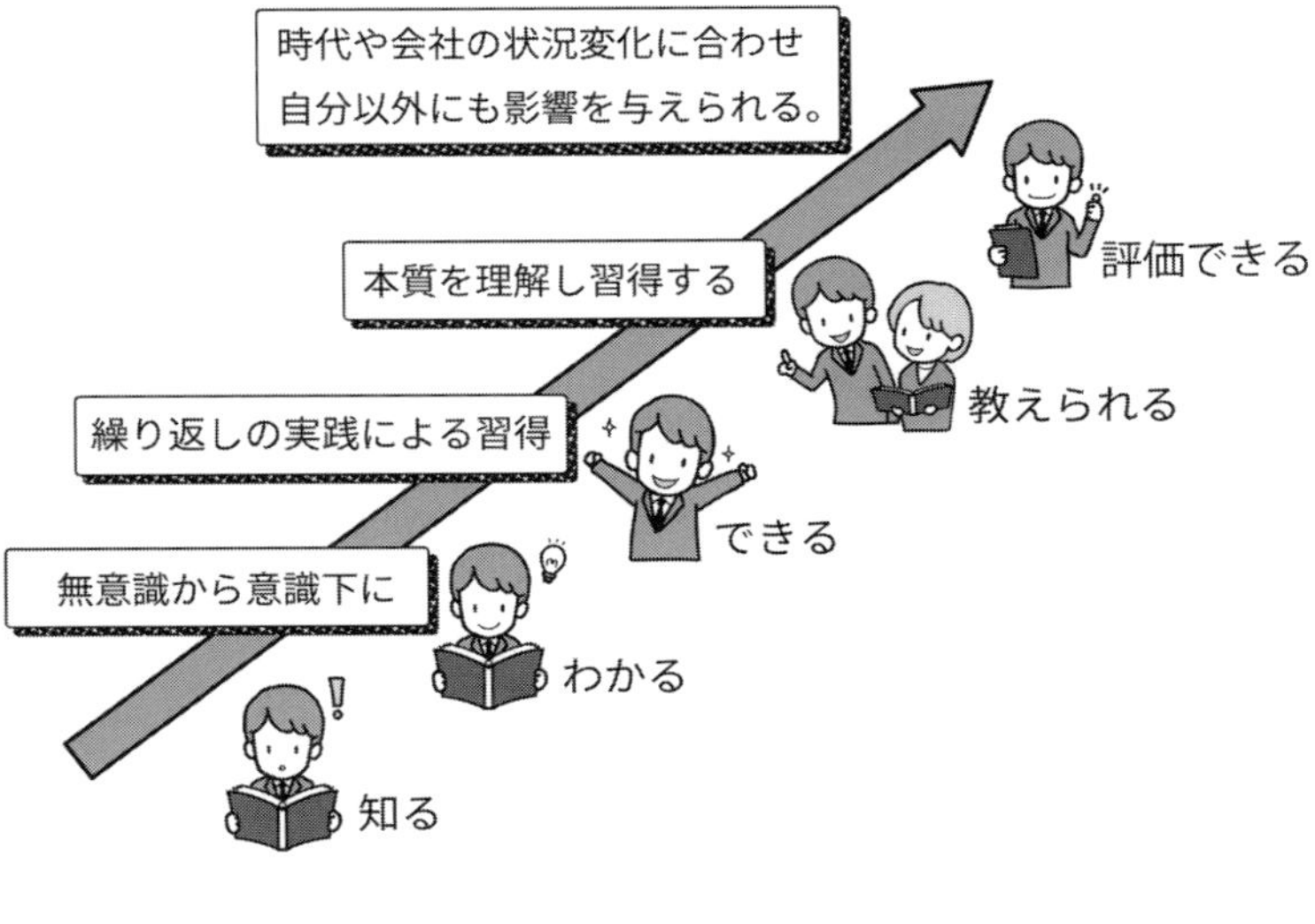

コラム

社内コミュニケーションにも使える営業術④
未来思考で社内を盛り上げる

営業の現場は大変なことも多いですし、なかなかうまくいかないこともあるでしょう。契約を取れない日々が続くと、それだけで落ち込むようになり、次に失敗したらどうしようと不安になるなど、負のスパイラルに陥ってしまいます。

だからこそ営業パーソンは、未来思考で自他ともに元気づけられる思考スキルが求められます。

そこで「まず、やってから考えよう！」をおススメします。

落ち込みやすい人ほど、あれこれと考え込んでしまい、それで前に進めなくなりがちです。そこで、「やってから考えよう」「とにかく動いてみよう」と声をかけ、行動を促すのです。

声をかけられたほうは、それによって自身が停滞していたことに気づき、考えるよりも行動に移します。その行動の中にこそ、結果につながるヒントがあるのです。

そして「まず、自分が楽しもう」です。

本来の「お客様を感動させる」という目的に思いが立ち戻ってくるはずです。自分が楽しめなかったら、お客様だって絶対にワクワクしません。

営業パーソンは未来思考であるべきです。未来を見つめ、声をかけ、行動していきましょう。

おわりに

新人でも売上3000万円の会社を目指して

本書を最後までお読みいただき、誠にありがとうございました。最初のうちはうまくいかないことも多いと思いますが、本書の内容を信じて実践し続けてください。誰しも、最初から上手にできるわけではありません。最初はみんな苦労や失敗を重ねているものです。それでも諦めずにチャレンジをし、最善を尽くし改善をし続けた人だけが、結果を残すことができます。そして結果を残せれば、営業自体を好きになれるはずです。

そのためのヒントは、本書に盛り込みました。ぜひ何度も読み返し、できることから行動に移してみてください。

私がイメージする理想は、「新人でもきちんと結果が出せること」です。不動産の仲介業であれば、月に2軒販売し、売上でいうと仲介手数料で3000万円規模を実現できることです。

それは、決して不可能ではありません。本書の内容を実践していければ、必ず実現できると確信しています。「なかなか売れないな」「結果につながらないな」と思ったら、いつでも本書に立ち返ってみましょう。

ときには、数字のことを忘れても良いのです。それよりも、設計図を踏まえて「どこを改善しようか」「どこに力を入れようか」と集中的に考えていくと、自分の成績ではなく、お客様のことを考えるようになっていると思います。

その姿勢が大事です。自分の数字や結果にばかりとらわれないように本書を活用しましょう。

家が売れなかった1年間が今を支えている

かつて、家がまったく売ることができなかった時期があり、それは大きな挫折だったのですが、一方で、そうした経験が今の私を支えてくれているのも事実です。今では、あの時期があったからこそ、現在の自分がいるのだと考えています。そして本書を執筆できたのも、まさに当時の経験が背中を押してくれているおかげです。

挫折経験があるからこそ、売れない人の気持ちがわかります。そこからどうすれば変われるのかも、経験を通じて理解しています。また、どうすれば営業を楽しめるようになるのかについても、段階を踏んで実践し、結果を積むことで可能になるのだとリアルにイメージできるのです。それもすべて、過去の経験があるからです。

これまでの経験を言語化しようと考えました。自分のため、そして現場を離れて管理職になっても、何があってもいつでも営業ができるように営業のポイントを忘れないようにするためです。

やがて、それを自分だけでなくチームとして、あるいは組織全体として共有することによって、結果を出せるようになりました。営業の全体像を踏まえて行う営業活動は、商品を説明して買っていただくのではなく、あくまでもお客様の購買心理を適切に導いていくのが本質です。そして多くの優秀な営業パーソンは、そこにこそ喜びを感じているのです。

売ることばかり考えていると、「営業」というものを狭い視野でしか見ることができません。それでは、いつまで経ってもノルマや成績から逃れられないでしょう。

視点を変え、お客様のニーズに合った家を紹介するというコーディネーターとなれれば、営業の楽しさを知ることもできますし、そこからより価値のあるものを広く社会に提供したいという感情も生まれてきます。

鉄板フレーズが人間力を育てる

営業は、「どのタイミングで」「何を、どのように言うか」という言葉の言い回しが、非常に重要です。言い回しとはつまりフレーズのことですが、それらは頭で覚えるだけでなく、体で覚えて使えるようにする必要があります。

しかし、一般的な営業本の多くは、読んで理解することはできても、それをすぐ実践できるようには作られていません。

要は、学校の勉強と同じように理解が優先されているのです。

ただ、営業を経験したことがある人ならわかると思いますが、頭で覚えたことがそのまま現場で使えるとは限りません。

それこそスポーツと同じで、いちいち頭で考えなくても実践できてこそ、本当の意味で体得したと言えるのです。

そして、営業における正しい言い回しを体得するには、繰り返し実践するしかありません。そうして体に覚え込ませるのです。

体で覚えてしまえば、いざというときにも瞬時に適切なトークと行動を実施することができます。しかも、実践しながら身に付けていると、自然にトライ・アンド・エラーができ、よりトークの内容も洗練されていきます。

そうして実力と結果を積み重ねていくことが、営業パーソンとしての成長なのです。

ぜひみなさんには本書のフレーズ集をフルに活用していただきたいと考えています。それこそ明日から、いえ、今日から使ってみてください。自分が使いやすいと思うものからで大丈夫です。まずは、自分が苦手だと感じている部分を改善し、どのような変化が生まれるのかをチェックしてみてください。きっと、以前とは違った反応が得られるはずです。

そうして得られた反応があなたに返ってきて、そこからさらにトークを向上させ、さらに良い反応が返ってくること。その繰り返しが、あなたを優秀な営業パーソンへと変えていきます。

営業とはお客様の「気付き」を導き出すもの

フレーズ集としての本書は、弊社で作成している「営業マニュアル」が元になっています。それを私は「感動ブック」と呼んでいます。なぜなら、営業は「家を売るのではなく、感動を売る」と考えているからです。そもそも営業という仕事は、お客様があってこそのものです。お客様に感動してもらうことがゴール。そのために「何をすれば良いか」「どうすれば良いのか」を考えていくのが営業パーソンの仕事なのです。

本書でも見てきたように、最終的にはお客様の「気付き」を引き出し、ゴールへと導き、最終的に感動していただくこと。それこそまさに、私たちの使命と言えるでしょう。

我々の会社が目指していることも、その土台の上にあります。どんな商品やサービスも、無理やりお客様に売ることはできません。最後の決断ができるのはお客様だけです。その大変な決断をサポートすべく、日々環境整備に励み、全力を尽くしています。

営業という仕事には大きなやりがいがあります。そして本書を読んだあなたが、そのやりがいに**気付けるようになる**ことも、私の狙いです。

最後に、営業に苦手意識を持っている方に、ちょっとしたコツを授けたいと思います。

営業のコツは2つあります。

一つは、常に笑顔でいること。自分が何か忘れているなと感じたら、それは笑顔だと常に思うようにしてください。

そしてもう一つは、文字通り「コツ」を二つもつこと。つまり「コツコツ」ですね。コツコツやることが、じつは、営業における最大の秘訣なのです。

営業に近道はありません。近道がないからこそ、その道のりでいろいろなことを学び、成長しながら進んでいくことができます。

ぜひあなたも、その道を楽しむようにしてください。

結果というのは氷山の一角です。

お客様やまわりから見えていない時間にどう行動しているのかによって、それが大きな成果へとつながっていくのです。

最後にこの場を借りて、心より御礼を申し上げます。

いつも仕事でお世話になっている協力会社様。一からこの本の出版に一緒に力を注いでくれた早坂部長、アドバイスをくれた矢野部長、髙塚部長、初瀬社員。苦楽をともにしながら私についてきてくれているアイ・ユニットグループのみんな！いつもありがとう！

初めての著書を素敵な本に仕上げてくださった、大学教育出版の宮永将之さん、出版までご尽力してくださった、大川朋子さん、奥山典幸さん、海老沼邦明さん、山中勇樹さん。

そして、いつもそばで私を女神のような笑顔で支えてくれている愛妻（たまに毒を吐きます！）、創業時から支えてくれた家族と市原専務に心より感謝いたします。

2025年1月13日

石橋直和

■ 著者紹介
石橋直和（いしばし・なおかず）
アイ・ユニットグループ代表。
株式会社アイ・ユニットコーポレーション代表取締役。
1980年1月13日、東京都生まれ。学生時代は自転車競技部に所属し、競輪選手を目指すも断念。大学4年時に不動産会社に営業職として入社、朝から晩まで電話をかけ続けるも1年間一件も成約できなかった。退職し、アルバイト生活を経て再び不動産業界へ。入社3年目にはトップセールスを獲得する。26歳で独立し、2008年にアイ・ユニットホーム株式会社を設立。2013年に年商5億円、2023年には年商50億円の企業に成長させた。経営の根本は「人」と考え、社長は全従業員の物心両面の幸せを導き、全従業員はお客様への幸せを循環させ、社会の進歩・発展に貢献する、善循環を信条としている。

装丁：西垂水敦、内田裕乃（krran）
カバーイラスト：芦野公平
本文イラスト：ナラウ
企画・出版プロデュース：大川朋子、奥山典幸（マーベリック）
編集協力：山中勇樹、海老沼邦明、嶋屋佐知子

アイ・ユニットグループ企業視察ツアーも行っておりますので、ご興味のある方はぜひこちらから!!

お客様の心をつかむ
営業鉄板フレーズ88

2025年3月28日　初版第1刷発行
■著　　者――石橋直和
■発 行 者――佐藤　守
■発 行 所――株式会社 大学教育出版
〒700-0953 岡山市南区西市855-4
電話（086）244-1268(代)　FAX（086）246-0294
■印刷製本――モリモト印刷㈱

本書に関するご意見・ご感想を右記サイトまでお寄せください。
ISBN978－4－86692－336－9